#Z世代的価値観

竹田ダニエル

講談社

#Z世代的価値観

はじめに　日本とアメリカのZ世代の違いの話

私がこの本で「Z世代」の話をするときは、「アメリカのZ世代」、そしてさらには「Z世代的価値観」の話をしている、ということに留意してほしい。

そもそも、日本での「Z世代」という言葉の使われ方に強い違和感がある。

アメリカのZ世代はポスト9・11の世代。生まれたときからなんとなく物騒な世の中で、小学校の頃から銃乱射事件が起きたときの訓練をさせられる。初の黒人大統領が誕生し、同性婚も合法化された。人種、ジェンダー、セクシュアリティにおいても最も多様で、団結力も影響力も大きい。私は本書で、「Z世代的価値観」をそのようなものとして定義している。

例えば、日本で「ミレニアル世代」という言葉は今まで使われてきただろうか。私はアメリカの世代について書くとき、世代間のダイナミクスや歴史を重要視する。一方日本では、「氷河期世代」「ゆとり世代」「さとり世代」等、特定の「特徴」を持った「世代」として括られる。なのに、なぜか突然「Z世代」という言葉だけが日本でも（アメリカでの定義と同じ）特定の年代層を指して使われ、アメリカのZ世代と並列で語られている。当然社会的背景も違えば、日本には前述のブーマー世代・X世代・ミレニアル世代の「流れ」がないのだから、ただのバズワードにしか感じられなくなってしまい、ネガティブなイメージを持つのも当然だろう。

Z世代という年代で括った人たちには、当然多様な政治観、宗教観、倫理観等の持ち主がいる。「世代」で特徴を一括りにし、一概に語ることは間違いなく困難であり、筋違いだろう。だからこそZ世代の話をする場合は、生まれた年代で区切った集合体だけを見るのではなく、彼らが今直面している社会問題、ないしは経験してきた社会事象を辿った上で、そこからどんな新しい「価値観」や「傾向」が生まれているのか、その社会との連続性こそが重要になってくると考える。当然、「傾向」や「新しい価値観」の話である以上、若い人全員がZ世代的価値観を持っているとは限らないし、逆に年齢は定義から外れていたとしても、Z世代的価値観を持つことは可能だ。

Z世代というのは生まれた年月で区切られるものではなく、「価値観」で形成される

「選択可能」なものであるという提案を、前著の『世界と私のA to Z』で行った。今までは階級や年齢層、住んでいる地域によって得られる情報や経験できる世界が非常に限られていたが、テクノロジーの進化によって誰もが自由に情報にアクセスすることが可能になり、一部の人のみが社会を形成する議論に参加できていた構造が崩壊した。かつてはマスメディアや地域社会によって「分断」されていた「世代」は、スマホやインターネットといった技術によって「橋渡し」されるものへと変化し、もはや年齢による世代の区別を行うこと自体がナンセンスになってきている。

この本では、年齢や出身地、性別や文化圏の違いに関係なく、21世紀以降の変化に積極的に参加することを可能にする価値観を包括的に捉えて「Z世代的価値観」と呼ぶ。グローバル化が加速する中で、一つの国の社会問題はその国内に収まることなく世界中に波及し、逆もまた然りである。過去の世代が修復できなかった社会問題を克服し、今後発生し続ける問題と向き合い続けることは、年齢にとらわれない共通した「価値観」によって可能になるのだ。*1

日本での「Z世代」という言葉は「真空から出てきた言葉」であり、単に若者という言葉の「代理ワード」として使われてしまっている現状がある。

アメリカでは、大まかにブーマー世代（１９４６年～１９６４年の間に生まれた人）、X世代（１９６５年～１９７９年あるいは１９８０年の間に生まれた人）、ミレニアル世代（１９８１年～１９９５年あるいは１９９６年の間に生まれた人）、そしてZ世代（１９９０年代中頃から２０００年代の間に生まれた人）と分類されている。それぞれの世代が、親世代からどういう影響を受けたのか、どういう社会で育ったのかが分析されてきた上で、「Z世代」についてもさまざまな議論が交わされてきた。

しかし、日本の「Z世代」という用語は、ブーマー世代やX世代、ミレニアル世代といった世代の連続性や相互への影響を考慮しないまま、単体のものとして、「マーケティング」の観点で用いられてしまっている印象が強い。特に日本の「氷河期世代」「ゆとり世代」のような、「社会の変化によって影響を受けた人たち」として世代をくくる風潮の背景には、教育も就職活動もどちらかというと単一的で、ほとんどの人が同じシステムを経験しているだろうという考え方が存在する。一つの世代の中でも極めて多様で、その多様性こそが世代の特徴であるアメリカのZ世代とは、違いが大きく見受けられる。

そもそもアメリカの世代システムは「ゆとり世代」のような特徴に対する「レッテル」ではなく、生まれた年代（10～15年スパン）と影響を受けた社会背景で括られるものであることも、大きな違いだ。

特にマーケティングの観点から、トレンドを作ろうとする際に「Z世代」という言葉を「Z世代ってこうだよ」「マーケティング的にこうだよ」とバズワード的に大人が用いると、建設的な世代論が構築されにくくなるようにも感じる。そのせいで「Z世代」という言葉に不信感を持ってしまった日本人も多いかもしれない。そもそもZ世代がどういう社会的影響を受けて現在の価値観を獲得したのかという議論がないままでは、本質的な世代の価値観は見えてこない。

私は、世代を一つの言葉でくくることの意義は、「ある年代に生まれた人たちは、ほぼ同じ年齢のときに社会の変化を経験しており、その結果新たな価値観を持ちうる」という解釈で、その世代の「傾向」を考える際の手助けになることだと考える。

本書では、その〝価値観〟が何なのかについて、模索していきたい。

＊1　https://tokion.jp/2020/11/13/what-are-gen-z-values-vol1/

STYLE

「ホットガール」はセルフラブがつくる

いまアメリカでは、Z世代の間で「Hot Girl Summer」の革命が起きている。直訳すると「イケている女子の夏」という意味合いだが、決して見た目やファッション、さらには特定の性別の人々に限定して使われているフレーズではない。2019年8月にラッパーのMegan Thee Stallion（当時24歳）が大ヒット曲「Hot Girl Summer」をリリースしてから、毎年、夏が近づいてくるとSNSに限らず、リアルな世界でもあらゆる属性の人が口にする、今やポップカルチャーにおいては手放すことができない定番の言葉になっている。

「Hot」は本来、「カッコいい」「セクシー」など、他者が羨むようなルックスを指すことが多かったが、「Hot Girl Summer」のコンテクストにおいてはそのような外見のことに限らず、言葉を使う人それぞれに「Hot」の定義は委ねられている。長く続く不景気やコロナウィルスによって奪われた「未来への希望」、さらには晩期資本主義によって人間がコモディティ化されてしまうような「虚無感」が蔓延する社会において、「人生を楽しむ」理由づけを、多くの若者たちが探している。そこで、どんな見た目・年齢・人種・属性であろうとも、社会によって定められた「こういう人はこうあるべき」という縛りを放り投げ、自分を精一杯愛し、ありったけの夏を思う存分楽しもうというこの言葉が、アメリカ中の人々に「人生を充実させるためにも、自分を縛っているものから自らを解放しよう」というメンタルの変化をもたらしているのだ。

Megan Thee Stallion は自身の Twitter で、次のように語っている。

「ホットガールであることとは、堂々とあなたらしくいること、楽しむこと、自信を持つこと、自分に正直であること、パーティーで最も盛り上がる存在でいること、などなど」*1

「ガール」という言葉が入ってはいるが、決してシスジェンダー、ヘテロセクシュアルの女性に限られていない。今では「自信を持って人生を謳歌する」ことを応援するフレーズとして使われているが、曲の中ではいわゆる「性の解放」と「男性を自由自在に選べるホットな私」を歌っている。Megan Thee Stallion を大スター的存在へと押し上げるきっかけになったこの曲だが、女性の性の解放を歌った2020年リリースの「WAP」への道筋はしっかりとこの時から見えていた。自分の欲しいものは自分の金で買い、悩みなど振り払い、セックスポジティブに生きる。「男を選ぶ側のイケている私」を歌うことで、「美のあり方」が固定されていた旧来的な価値観を取り払い、「こういう人はこう振る舞うべき」という縛りから自らを解放している。ストレスに溢《あふ》れる現代社会、そして女性やマイノリティが抑圧されてきた歴史において、そのような人々が「自分は最高」とは思いづらい状況が続いてきた。

そんな逆境の中で果敢に闘うためには、自分を肯定し、社会規範など無視して「ホット」であることを自分に唱えることが、知らず知らず求められていたと証明された。「ガリ勉で真面目」なイメージのアジア人がパーティーではっちゃけたり、「太めの体型」の人が思い切って露出度の高い服を着たり、「社交的じゃないから無理」と思っていた人がいろいろな人とデートに出かけたり。根本的には「白人中心的な美の価値観」を否定し、そのような社会規範によって傷つけられたり、抑圧されたりすることから解放され、「自分を自分で愛そう」という意味合いが含まれているのだ。*2

Megan Thee Stallion が「Hot Girl Summer」をリリースした数週間後に、ラッパーの

blackbearが「Hot Girl Bummer《最悪なホットガール》」というタイトルの曲をリリースしたことが大きく話題になった。この曲は今でもラジオでしょっちゅうかかるようなヒット曲となったわけだが、当時はMeganのスローガンのパロディであり、「白人男性が黒人女性から功績を奪い取っている」と強く批判された。この曲がアイディアをパクっているかどうかは別として、Meganの曲とは正反対のメッセージを含んでいることが興味深い。女性を鼓舞する「Hot Girl Summer」とは対照的に、金とドラッグに溺れ、彼氏がいるにもかかわらず不特定多数の男性と関係を持つ「壊れたエモ系の女の子」のことを、まるでモノを消費するかのように歌っている。[*3] 女性のエンパワメントが高まっているのに対し、ミソジニーや女性に対する性的消費が、今でも音楽業界に根強く残っていることが浮き彫りになった出来事だろう。

企業によるミーム化

楽曲のヒットと共に、「Hot Girl Summer」のフレーズが知れ渡るにつれ、企業やブランドがそれをミームとして商品化し、利用するようになった。２０１９年7月9日、ファーストフードチェーンのウェンディーズが自社のレモネードを「ホットガール・サマーの公式ドリンク」とツイッターで宣伝したり、同じ日に化粧品ブランドのメイベリン・ニューヨークが、このフレーズをPRの一環で用いたりした。ファンの反応は二分し、当時まだ中堅のアーティストだったMeganが大企業に認知されていることを喜ぶ人もいれば、正式に彼女に許諾を得て使用料を払ったり、広告に起用するべきだと批判する人もいた。

これらのブランドが、これまで黒人女性たちを正当に扱ってこなかったにもかかわらず、黒人女性が作り上げたフレーズだけを利用しているとして、いわゆる「差別と搾取」の構造に対する批判もあった。例えば2015年にコロラド州にあるウェンディーズの店舗で、黒人の女の子が頼んだ商品に従業員が人種差別的な手紙を入れたり、メイベリンが濃い肌色に合う色味のファンデーションを販売しようとしない、といったことだ。このように黒人女性たちを「大切な客として扱っていない」ことがたびたび問題になっているにもかかわらず、ミレニアル世代にアピールするために、黒人女性によって作られたこのフレーズをマーケティングに取り入れ、利益のために堂々と利用していることが批判されたのだ。*4

Megan Thee Stallionは、様々なブランドの宣伝に勝手に使われていた彼女のフレーズ「Hot Girl Summer」の商標登録を得るための闘いを2019年に始め、2022年1月に正式に勝利したことが報道された。*5 Megan自身のアーティストとしての存在感と、ファンへのエンパワメントや波及力こそ、このフレーズが浸透した大きな要因であることが認められ、この商標登録はアーティストと企業間のパワーバランスの確保にとって大きな前例となった。

前著『世界と私のA to Z』（第4章　私にとってのSNSと人種問題――「文化の盗用」って?-）でも書いた「文化の盗用」や非黒人によるAAVE（African American Vernacular English）の利用など、黒人たちの文化や功績を企業や白人が自らの手柄にし、元の文脈から切り離して表層的なモチーフへと変質させてしまう傾向は長く続いている。特にMegan Thee Stallionのファンは、若い黒人女性やLGBTQ＋の人が多いことが特徴的で、知的財産権や文化の盗用について特に敏感であるとも言える。*6 ブラックカルチャーや黒人クリエイターの作品がもたらす影響力を、企業が自分たちの利益のために用いるのであれば、単に搾取し「植民地化」するのではなく、せめてもの敬意として彼らをチームに起用するなり、使用料を支払うなり、抑圧されてきたコミュニティに利益を還元する必要があるだろう。

膨らみ過ぎたコロナ後への希望

２０２１年の夏が到来する直前に、「Hot Vax Summer」というフレーズがＳＮＳで大流行し、Ｖｏｘやニューヨーク・タイムズ、ワシントン・ポストにも一大トピックとして取り上げられた。長きにわたって隔離生活を強いられ、ようやく二度のワクチン接種を終えた人が増えてきた段階で、「もしかしたらコロナ前の生活に戻れるのではないか」という期待が特に若者の間で高まった。「コロナが『終わったら』クラブに行きまくって、マッチングアプリでたくさん出会いを求めてたくさんの人と体の関係をもち、とにかく自由奔放な生活がしたい」と理想の未来に憧れる人が数多く出現した。パンデミックの「先」にある明るい未来を求めて、「Hot Vax Summer」というフレーズが広まったのだ。疫病にかかることを恐れることなく、普通に友達と遊んだりパーティーを開催したり、マスクをせずにショッピングをしたり、といった「大したことない普通の生活」が贅沢に感じられるほど窮屈な生活をしていた人々にとって、ストレスフルな生活の終わりはまるで夢と同等のものだった。

「Hot Girl Summer」をもじって、ひたすら飲みまくる「Shot Girl Summer」や、ワクチ

ン接種を終えた人たちが快楽に塗《まみ》れて生きる「Horny Summer」などの派生語も生まれ、総じて「Hot Vax Summer」は希望を意味するフレーズだった。しかし結果的には「過剰評価」された期待感だった、と後になって残念な感情を含めて表現されることが多い。実際には今でもまだコロナウィルスは流行し続けているし、変異株の出現などを加味すると、まだまだ「かつての普通の生活」からは程遠い。さらには頻繁に外出することに抵抗がある人も少なくなく、そんな不安定な状況の中で「楽しまなくてはいけない義務」を感じてしまうという、いわゆる「ＳＮＳによって盛り上げられすぎたものの、結局は取り残されることへの不安（ＦＯＭＯ＝fear of missing out)」に駆られているだけだったと振り返る人も多い。

さらに、コロナウィルスの蔓延と同じタイミングで、若者たちの「貞淑化」が話題になった。パンデミック以前においても、若者たちの間でのカジュアルなセックスがミレニアル世代やそれ以前の世代と比べて減っている、という研究結果が発表されていた。つまり、「失われたティーン〜20代前半の夏休み」を取り戻すために頭の中ではたくさんの人と体の関係を持って性に奔放に生きる、という理想を抱きつつも、実際には大人しく夏を過ごした若者も多いのだ。[*7]

さて現在はというと、「Hot Vax Summer 2.0」「Hot Vax Summer Redux」というフレー

ズもじわじわと普及している。決して収束することなく、むしろさらに感染力の高い変異株が出現したりワクチンを接種していてもコロナウィルスに罹ってしまう状況であるにもかかわらず、アメリカはすっかり「どうとでもなれ」というムードに包まれている。マスク着用の取締りや屋内での人数制限などのルールを政府がその都度定めては曖昧に変化させていったこともあり、人々はとっくに「何をするべきかわからない」状況におかれ、大規模なライブイベントや海外からの渡航も普通に行われている。「ワクチンを接種し終えたから楽しめる夏」というよりは、「もう我慢ができないから楽しむしかない夏」になっているのだ。[*8]

水着を着てプールサイドでくつろいでいる様子や、キラキラのミニスカートを穿《は》いて女友達とクラブで騒いでいる様子などをInstagramに載せて「Hot Girl Summer」とハッシュタグをつけることがメインストリームである中で、メンタルヘルスの重要性も相俟《あいま》って「外見的な輝かしさ」を追うのではなく、「内面の充足感と安定」こそが「ホット」であるという傾向に移ってきている。たくさんのパーティーに出かけ、朝まで踊り明かし、酒やドラッグに溺れるカオスな生活が「自由でホット」だとされていたが、それとは対照的に「身体的にも精神的にも健康」を求めることが「新しいホットガール」の定義になっても良いのではないか、と主張する人が増えてきているのだ。自らの課題や過去の問題と向き合うことで、他者からの肯定を得なくても自らに自信を持ち、自尊心を抱くことができる。さらには、「ダメな自分を責める」のではなく、「パンデミックを乗り越え、毎日を頑張っている自分を癒す」ことが精神的なリセットになる、と言った具合だ。

マインドセットから「ホットガール」にしよう、というのはある意味「ボディポジティビティ」の先にある、「ボディニュートラリティ」の影響も受けている。他者から見た時の身体的美しさは所詮西洋の美的価値観に縛られているし、自分を定義づけるものではない。ましてや毎年変わるルックスやファッションのトレンドに合わせて自分を変えるのは、精神的にも身体的にも健康ではない。運動をして腹筋を割ってスーパーモデルのような体型になって、多くの人に羨望されるのも結構だが、その前に自分が抱えている精神的問題や課題と向き合い、自分にとっての「ヒーリング」を見出すことの方が望ましいとして、「Healthy Girl Summer」と称するムーブメントが、TikTokをはじめＳＮＳで話題になっている。*9 毎日出かけるのではなく、一人で本を読んだり早寝早起きをしたりと、「コロナで失われた時間」を急いで取り戻そうとはせず、ゆっくりと自分と向き合い、ほどほどに人間関係を築いていくことを優先しようという考え方だ。

ダイエットのために食事制限をするのではなく、体に良く自分が好きなものを食べたり、SNSから離れてメディテーションやウォーキングを習慣づけたり、「自分らしさ」を存分に楽しみ「自分を愛する」ようになるためにセラピーに通ったりと、メンタルヘルス面を含めて根本的かつ総合的な「健康」を意識している人の方が「ホット」であり、その過程こそが本質的な「セルフケア」であるという価値観が生まれているのだ。

誰かを愛するためにも、愛されるためにも、まずは自分をヒーリングし、自分を愛さなければならない、という考え方が「セルフケア」の中心的メッセージでもある中で、従来の「モテまくる夏」を意味する「Hot Girl Summer」から、「自分を癒す」ことで理想の自分になる「Healing Girl Summer」に至るのは、結局は「抑圧や決めつけから自分を守る」ための行動でもある。

心身の健康あってこその〝ホットガール〟

2022年に入って、TikTokを中心に「Feral Girl Summer（野生化ガールの夏）」というフレーズが頻繁に用いられるようになった。*10 フレーズ自体は何年も前からネットで使われていたが、TikTokerのMollie Fraserがこのフレーズを用いて、「クラブでウォッカソーダを大量に飲み、朝までハウスミュージックで踊り狂い、午後に起きて朝食にマクドナルドを食べるような、ドブネズミみたいに退廃的な生活」などを説明する動画を投稿し、注目を集めた。健康や社会的常識などは完全に無視し、とにかくパンデミックによって失われた「若さ」と「楽しみ」を思う存分取り返すカオスな行為を、まるで「野生化」したかのように繰り返す生活を「Feral Girl Summer」と呼んでいるのだ。「朝早く起きて運動をしてシャワーを浴びて、オーガニック食材のスムージーを飲んで、集中した状態で仕事に取り掛かる」という「しっかりした女性＝that girl」トレンドが「理想の形態」としてSNSで大流行し、インフルエンサーがこぞってその生活を写真や動画などで美化して投稿している中で、「こんなにダメな私でも、楽しんでいればそれでOK」という、「これなら共感できる」トレンドが生まれたのだ。毎日格好いいスポーツウェアを着なくても、一日中スウェットやパジャマでも大丈夫、と肯定してくれる、新しい「エンパワメント」のあり方でもある。まさに、「Healing Girl Summer」と対照的なトレンドなのが興味深い。

「Hot Girl Summer」は、心の持ちようだ。他者からの肯定に依存しなくとも自分に自信を持ち、いつでも向上心を持ちつつそれを持続的に続けるためにも、不安定な世の中を生き抜くためにも、健康に過ごし、自分を優先して「癒す」ことで成功を成し遂げたり、理想のパートナーと結ばれたり、人生において「憧れること」を手に入れる、それこそが「ホットガール」のあり方だというふうに言葉の定義は変わっていった。「いまにも地球が滅亡するかも」というような虚無感を抱えながら毎日を生きるZ世代の間でも、「Hot Girl Summer なんだから好きに生きようよ！」とお互いを鼓舞するために言い合っている。誰かに「綺麗だ」「素敵だ」と言われなくても、すでに自分は綺麗だし素敵だから大丈夫。自分を自分の愛情で満たし、自分が「ホットガール」だと思うことができれば、誰でも夏を思い切り満喫できるのだ。

＊1 https://twitter.com/theestallion/status/1151528790906081281

＊2 Mikki Kendall, “Megan Thee Stallion's Hot Girl Summer is for everyone. Here's how to join the fun.” THINK, July 16, 2019
https://www.nbcnews.com/think/opinion/megan-thee-stallion-s-hot-girl-summer-everyone-here-s-ncna1030071

＊3 Chris Deville, “If You Think ‘Hot Girl Bummer’ Is Bad, Just Wait Till You Hear blackbear's Other Songs” STEREOGUM, February 10, 2020
https://www.stereogum.com/2072405/blackbear-hot-girl-bummer/columns/the-week-in-pop/

＊4 Brooklyn White, “Straight Capitalism, No Chaser: Brands Are Butting into ‘Hot Girl Summer’ to Make a Quick Buck” bitchmedia, August 5, 2019 https://www.bitchmedia.org/article/brands-co-opting-hot-girl-summer

*5 Yolanda Baruch, “MEGAN THEE STALLION SECURES THE ‘HOT GIRL SUMMER’ TRADEMARK AFTER A TWO-YEAR LEGAL FIGHT” BLACK ENTERPRISE, January 16, 2022
https://www.blackenterprise.com/megan-thee-stallion-secures-the-hot-girl-summer-trademark-after-a-two-year-legal-fight/

*6 Kwaku Gyasi, “‘Hot girl summer’ is part of a more pervasive appropriation of Black American culture” VARSITY, September 24, 2019
https://www.varsity.co.uk/opinion/17840

*7 Maura Judkis and Lisa Bonos, “‘Hot Vax Summer’ is coming. Can it possibly live up to the hype?” The Washington Post, May 18, 2021
https://www.washingtonpost.com/lifestyle/style/post-vaccination-summer-partying-dating-sex/2021/05/17/a04ca36e-b43c-11eb-9059-d8176b9e3798_story.html

*8 Christian Paz, “The Real Hot Vax Summer Is Coming” The Atlantic, March 13, 2022
https://www.theatlantic.com/ideas/archive/2022/03/covid-summer-2022/627041/

*9 Gabriela Gutierrez-Gallo, “HOT GIRL SUMMER SHOULD BE CHANGED TO HEALTHY GIRL SUMMER” HER CAMPUS, June 29, 2021
https://www.hercampus.com/school/fiu/hot-girl-summer-should-be-changed-healthy-girl-summer/

*10 Serena Smith, “What does it mean to be a feral club rat?”
DAZED, March 22, 2022
https://www.dazeddigital.com/life-culture/article/55735/1/what-does-it-mean-to-be-a-feral-club-rat

COLUMN “Bimbo”の革命

過激でありながらもインクルーシブなBimboたち

アメリカのZ世代の間で、「Bimbo（ビンボ）」の革命が起きている。ピンクとキラキラをまとい、一見「おバカなギャル」のように見せかけながら、反資本主義やLGBTQ＋の権利を訴え、「女性性」の皮肉を武器に社会批判をする。「好きな服を着たいし、自由にメイクしたい」「男性から見下されずにセクシーでありたい」「他人の期待に応えるために生きているわけじゃない」という哲学を抱え、アイロニーとエンパワメントの双方を体現する。TikTokのインフルエンサーをはじめとして巻き起こっているライフスタイルトレンドだ。

「Bimbo」という言葉は、元々はイタリア語の「bambino」に由来し、1800年代には女性らしい男性を揶揄《やゆ》するために使われたという。その後、ハイヒールを履いたり濃いメイクをしたりする、「見た目に執着したフェミニンな女性」がBimboと呼ばれるようになり、マリリン・モンローやパメラ・アンダーソンといったハリウッドの女性スターたちが、その象徴となっていった。セクシーな存在として有名になった彼女たちは、一方では「男性目線での美しさ」を追求しているというレッテルを貼られ、「頭が悪く、学がない」ことを揶揄された。

アメリカ社会には、「バカで意地悪なブロンドの女は、仕事も勉強もできなくて男性にモテることだけを気にしている」というステレオタイプが長く存在している。同時に、キャリアを築きたい知的な女性は、セクシーで可愛くあってはおかしい、という社会的スティグマも存在する。結局は「こういう女性はこうあるべき」という制限を、男性中心の目線から定められていたのだ。

そうしたステレオタイプの構造に関しては、これまでにも従来のフェミニズムが批判してきた。しかし、Z世代がTikTok上で生み出すBimbo文化は、これまでのフェミニズムの形とは少々異なる。露出度の超高いピンクの服を着て、超濃いメイクをしたギャルなのに、超過激なフェミニストかつクィアなのである。

かれらのビデオにはこう添えられている。“This video is for girls, gays and theys（このビデオは、女の子たち・LGBTQ+・ノンバイナリーのグループに属する人々のためのものです)”——つまり、「(シス・ヘテロな)男は見なくていいから」と。このムーブメントのリーダー的存在であるChrissy ChlapeckaとGriffin Maxwell Brooksは、毎日のようにシス・ヘテロ男性中心的な社会によって決められた理不尽なルールへの絶望や共産主義の重要性、そして「自由に生きたい」「私たちはイケてる」という叫びを投稿している。

Bimboムーブメントの新しさは、男性中心的な「知性」の定義を覆すことによって自由になろうとしている点だ。それゆえ、かれらは「おバカなギャル」を装う。Bimboは、エリート主義が根付くマイノリティ蔑視や階級主義に対する抗議を体現しているのだ。

もちろん、こうしたムーブメントがZ世代の間で起きているのは、ミレニアル世代における「Girlboss／ミレニアルピンクブーム(女性がバリバリ働いてもいい、そして働く女性がピンクを好きでもいいというムーブメント)」の時代を経たからこそだ。つまり、「ピンクが好きな女=ぶりっ子で

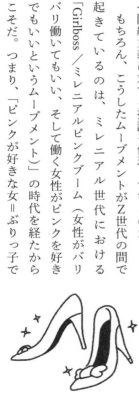

弱い（正しいフェミニストではない）」という時代を経て、それがいかに陳腐なもの（かつ、男性中心社会の視点から決められたもの）なのかが今の若者たちに理解されたうえで、改めてそのステレオタイプを皮肉的に取り入れている。

「私はピンクが好きで、可愛い！　計算ができなくて、なんで政府が現金を刷れないのかわからない！　トランスジェンダーの人に権利を！　家父長制死ね！」。かれらの叫びは、まさにZ世代の〝諦め〟からくるユーモアなのだ。

Bimboらしいルックスといえば、キラキラのヒールにつけまつげ、グラマラスなヘアスタイルにたくさんのジュエリー、そして贅沢なブランド品や高額なネイルだ。ここまで高度なレベルの自己メンテナンスに加え、「見た目」を重視するライフスタイルである以上、消費文化に則《のっと》っていることは事実だ。それでも「反資本主義」を謳《うた》うのは、一見すると矛盾しているように見えるが、それこそがZ世代の皮肉である。ショッキングなルックスと主張のギャップがあるからこそ、ラディカル左派のメッセージをTikTokという媒体で伝えやすくなるし、さらには、真面目な主張をするためには真面目なルックスでなければならない、という固定観念をも壊しているのだ。最近では、ガーリーなルックスの典型的なBimboだけではなく、thembo（ノンバイナリーのBimbo）、gimbo（ゲイのBimbo）など、様々なパターンも存在する。

社会への絶望をまのあたりにしてきたZ世代が、せめて可愛い格好をして、自分たちを縛り付けている社会規範をぶち壊し、オルタナティブな「知性」をシェアすることによって、人生を少しでも楽しみたいと考えるのは無理もない。過激でありながらもインクルーシブなBimboたちのあり方は、ときに笑いと、薄々感じていた社会に対する違和感を、声に出してそれに対抗していこう、という勇気を与えてくれるのだ。

HEALTH

セラピーは心の必需品

いまアメリカでは、Z世代の間で「セラピー」の革命が起きている。社会や世界が壊れていく様子を子供の時から見続けてきた若者たちにとって、未来への希望は持ちにくい。毎日何のために、何の目標を持って生きていけばいいのかわからない、と閉塞感を抱えている人も多い。環境問題や不景気、極め付けにコロナパンデミックによって、ティーンや20代のうちから死や鬱、経済不安などが非常にリアルなものになったのだ。

そんな中で、Z世代の間でセラピーに通うことが「クールなこと」になりつつある。ブーマー世代やX世代の間では、メンタルヘルスやセラピーの話題は長年タブー視されてきたが、ミレニアル世代からセラピーに通うのは普通のことだという価値観が広がり、Z世代にとってはそれが一般的なものになった。当然、お金がかかることなので、誰もがセラピーにアクセスできるわけではない。しかし、Instagramでセラピー関連のコンテンツが「おしゃれでシェアしやすいもの」になったり、TikTokでセラピストがアドバイスを投稿したり、セレブがセラピーやメンタルヘルスについての自身の経験を「誰にとっても大事な話題」としてSNSでオープンに語ったり、アーティストが鬱やメンタルヘルス、セラピーに言及した歌詞を歌ったりすることで、そういったものへのネガティブなイメージが激的に減った。かつては、セラピーに行っていることや、大人なのに助けを必要としていることが、特に男性にとっては恥ずかしいと思われていたり、セラピーに行く必要があるのは精神疾患を抱えている人だけであるといった偏見が根強かったが、最近では「ちょっとした悩みでも助けを求められること」自体がかえって良いこととされているのだ。

コロナ禍によるメンタルヘルスの危機

今のアメリカのZ世代は、「メンタルヘルスのクライシス」に直面していると言われている。その対処方法としてTikTokやInstagramでセラピストをフォローしたり、ポッドキャストで好きなインフルエンサーがセラピーで学んだことについて語っているのを聞いたり、Twitter や Reddit 上でアドバイスし合ったりすることで、お互いのメンタルヘルスを支えている。

コロナウィルス禍による隔離や制限などによって、人々は世代に関係なく生活に影響を受けたが、人間関係やアイデンティティの形成に重要な時期に絶望と孤独を経験させられたZ世代は、他のどの世代よりも高い割合で不安や鬱を訴えている。[*1] 私の場合は、大学最後の年にパンデミックが始まり、卒業式が中止になり、進路や就職に大きな不安があった。ただでさえ変化の大きいライフステージに、未来が完全に予測不可能であると突きつけられた我々は、強い精神的ストレスと漠然とした不安を抱えながら、仕事や恋愛、ひいては自らの人生そのものへの「コミットメント」をしづらい状況に置かれている。

なぜZ世代は特に、今の社会で苦痛を感じているのだろうか。統計だけからその理由を考察することは難しいが、個人的な経験と照らし合わせて考えてみれば、適切な対応策がとられず悪化するばかりの社会問題や、「大人に未来を任せられない」という危機意識など、とにかく未来に「絶望」が蔓延している現実から目を背けられなくなっていることが、最も大きな原因なのではないか。

大人たちはよく「今の若者はネットの使いすぎで不安症が悪化している」と言う。確かにZ世代は、子供の頃からSNSを通じて有害となりうるコンテンツにも簡単にアクセスできた初めての世代だ。常にインターネットを通してＳＮＳで数多くの人と繋がっているにもかかわらず、実際は「孤独に」スマホと向き合っている上に、人間が本来得るべきではない膨大な量の情報を常に眩しく光る画面から受け続けている。気候変動や政治情勢の悪化、学校での銃乱射事件など、不安をかきたてるようなニュースが常に流れてくるし、自分以外の友達が楽しく遊んでいる様子を知ってしまうことによってＦＯＭＯを感じたり、セレブやインフルエンサーが投稿する「完璧な生活」を羨ましいと思ったり、とにかくＺ世代は上の世代と比べて受ける「情報量」と「刺激」が多すぎるのだ。

コロナウィルスの感染拡大による身体的な健康に対する不安、そして未来の不確実性によって、本来ならば明るい将来を展望できた若者たちは大きな精神的ダメージを負った。ＣＤＣによると、18歳から24歳の４人に１人がパンデミック中に自傷行為を考え、半数以上がネガティブな精神的症状を訴えたという。[*2] 煌《きら》びやかだったはずの学校生活はオンラインになり、友達とはネットで話すだけで会えず、入学式や卒業式にも参加できず、ＳＮＳで情報を集めたりコンテンツを消費することのみが「人とのつながり」の代替となった。

周りの友達と話していると、「この悩みについてはセラピストと話したんだけど」「この映画にダメージ受けすぎたからセラピストと話すわ」といった言葉が普通に交わされていて、「セラピーに通うこと」はあまりタブーではなくなっていると感じる。もちろん育った家庭環境や文化・宗教背景的に、セラピーに通うことやメンタルヘルスについて話すこと自体に躊躇《ためら》いを持つ人もいる。しかしミレニアル世代が若かった頃、さらにはX世代以上の大人たちのメンタルヘルスに対する理解の無さに比べれば、その差は歴然だ。

とはいえ、当然そのような話題に対してネガティブなイメージを抱く人は存在する。だからそういった人の前ではそういう会話をしない、親しい友達とは踏み込んだ話まで赤裸々に話す、など相手やコミュニティによって、話す内容に線引きをしている人が多いのだ。メンタルヘルスは身体的健康と同じくらい重要な問題で、リソースや助けを求めることとは決して恥じるべきことではなく、「風邪をひいた」と周りに伝えるのと同じくらい、「メンタルヘルスの状況がよくない」とサラッと伝えることによって、むしろ適切なサポートを受けられた方がいいという風潮に変わりつつある。自身の健康のために助けを求めたり、経験談をシェアし合ったりすることは、克服すべき「弱さ」ではなく、成長に必要な「強さ」や「勇気」とみなされている。若者のストレスやメンタルヘルスの問題が深刻化するにつれて、その対処法について社会全体でオープンに語り合う必要性も、必然的に生じてきている。

Z世代の間でSNSは、一方的に情報収集をしたり、コンテンツを消費するためだけのものではなく、「社会的支援」を受けられる、リアルな世界の延長線上にある場として機能している。例えばミレニアル世代とZ世代に人気で、絶大な影響力を誇るインフルエンサーTinxは毎週セラピーに通っていて、そこでどのようなことを学んだかをInstagramのストーリーやTikTok、さらにはポッドキャストなどでシェアしている。

インターネット普及前の世代は、「メンタルヘルス」という言葉さえ知らないまま大人になったり、LGBTQ+や人種問題などについても、学校や周りの大人など、非常に限られた情報源から知ることしかできなかった。ブーマー世代の多くにとって、インターネットとは40代から50代になるまで身近ではなく、X世代も、20代になるまでは日常的に利用することはなかった。

しかし、ミレニアル世代が思春期の頃になると、MySpaceなどを通じて、お互いの体験をネット上で共有するようになった。そしてZ世代が、Instagram、YouTube、TikTokなどのSNSを独自に活用するようになったことで、メンタルヘルスの問題がより一般的に語られるようになった、と分析する専門家もいる。*3

SNSでは、テレビや雑誌のように一方通行の情報の流れはなく、誰もが「平等」に情報を発信し受け取れる。Z世代はSNSを通じて、親や先生、マスメディアからの一方的な価値観に縛られることなく、自分たちが必要としている社会変化を求めていくことができる。Z世代の間で、鬱による自殺やドラッグのオーバードースによる事故死などが問題になっている以上、「メンタルヘルスは重要で、恥じるべきトピックじゃない」と声高に社会に、そして大人たちに提示することで「スティグマを消し去る（destigmatize）」必要があるのだ。彼らにとってインターネット、そしてSNSは単に娯楽の場でも悪口を言い合うための捌《は》け口でもなく、自分の世界を広げ、「繋がり」を得る場なのだ。

アメリカ特有の理由

Z世代にとって、ストレスの原因となっている社会問題も前の世代と比べて異なるものになっている。２０１８年の「Stress in America」調査において、Z世代の回答者（15〜17歳の３００人）の75%が、学校での銃乱射による大量殺人事件にストレスを感じていると回答している。[*4]

また、Z世代の死因の第2位は自殺であり、ミレニアル世代よりも深刻化している。CDCの２０１９年のデータによると、10歳から24歳の自殺率は２００７年から２０１７年の間に56%も増加している。[*5]

SNS上では、常にハッピーに見えるような投稿をしなければいけないというプレッシャーもあり、実際に悩んでいたり、孤独に苦しめられているサインがなかなか気づかれにくいことも事実だ。そしていくらメンタルヘルスについてオープンに語り合えるとはいえ、セラピストなどのプロフェッショナルではない若者同士で命に関わる深刻な問題に対して、必ずしも最も正しい判断ができるとは限らない。例えば友人に鬱を打ち明けられても、共感や理解を示した上で、「専門家に見てもらったほうがいいよ」と言うのが限界だ。Z世代は特別な世代だと言われているけれども、スーパーヒューマンではなく、まだ人生の道に迷っている若者なのだ。悩んでいる人を助けようと思っても、支え切ることは難しい。

さらに、アメリカでは「頼られたり何かお願い事をされたりしても、自分がキャパオーバーであればNoと言うのはセルフケア」という考え方が一般的で「バウンダリー（境界線）を引くこと」、つまり「どこまで他人を助けるか・信頼するか」の線引きをはっきりさせることが重要である。

もちろん、アメリカにおいても、セラピーに通うことや、メンタルヘルスについて話すことが突如として一般的になったわけではない。アメリカ社会が抱えている問題ゆえに、その話題を口にする必要性が出てきたということなのだ。上の世代がメンタルヘルスの話題を忌避してきたため、それらはタブーなトピックとして封印されてきた。その結果として、ミレニアル世代やZ世代が自らの手でリソースの共有や「語り合う場」を形成しなければならなかった。私の周りにも、セラピーに通うお金を親に提供してもらえなかったり、「セラピーに通うくらいなら私たちに話せばいいじゃない」と言われた、という友達がいる。鬱や不安症などについて親に相談できず、もししたとしても「そんなの気のせいでしょう」「私たちの時代ではそんなの努力が足りないと言われた」などと、問題を矮小化されてしまう人も多い。むしろ、親や上司からメンタルヘルスに対する理解を得られる若者の方が圧倒的に少ないだろう。大人を含めたアメリカ社会全体が、セラピーに通い、オープンにメンタルヘルスについて語り合えるようになるには、まだまだ時間がかかりそうだ。

このように、悩みや感情を親など周囲の大人によって抑圧されて育ってきた人のうち、特にアジア系の移民二世などが大きな割合を占めている。日本でもそうだが、アジアの文化においては精神的抑圧に耐えることが美徳になっているところも大きいため、メンタルヘルスに対するアメリカの先進的な文化の変化に親世代が理解を示さず、「アジア系」でありながら「アメリカ人」として育ったことによるアイデンティティの強い乖離《かいり》が、さらにストレスを強める原因になっていることも多い。大変な苦労をしてアメリカに移住し、子供たちがより良い未来を生きられるようにと一生懸命働いてくれた親の期待を裏切りたくない移民二世の若者たちは、学業や仕事、そして私生活においても「完璧」を求められがちだ。何か悩みがあったとしても「大丈夫じゃない」と親に助けを求めることができず、結局親に隠れてドラッグやパーティーなどでストレスを発散させる。そのため、人種の多様性を重視している大学においては「移民二世」や「有色人種」のためのサポートグループや支援サービスが提供されている。

なぜ怒りや不安を感じるのか。その原因を「トリガー」や「トラウマ」といった、セラピーに関する言葉を使って説明することが日常会話の中で増えている。*6 セラピー用語（セラピースピーク）の使用が一般化しているのは、社会がメンタルヘルスやウェルネスを重要視するようになったことを反映している。SNSやポップカルチャーを通してセラピーに関する情報にアクセスしやすくなったことで、多くの人が自分の感情処理や表現をするためのツールを獲得できるようになったのだ。このように、専門家ではない人たちの間で起きている、語彙や言葉遣いの変化は「セラピースピークの普及」と呼ばれている。イライラする、怒っている、モヤモヤする、といった大雑把な言葉を使うのではなく、なぜそのような感情を抱えているのか細かく分析することで、ネガティブな気持ちをマネジメントしやすくなるのだ。また、結果として、より自分と深く向き合わなければできないような対話も可能になった。複雑な感情について話すタブーを拭い去ったことは、大きな前進だ。

一方で、日本で「ハラスメント」という言葉の使われ方があまりにカジュアルになりすぎていることが問題視されているのと同じように、アメリカでもこのセラピースピークの汎用が害を招く可能性も指摘されている。例えば、かつて「ストレス」と名指されていた体験が「トラウマ」と呼ばれることが多くなった。科学的に立証された心理学的な症状ではなく、単に「不快な経験」を表すためにカジュアルに用いられると、より深刻な状況と区別できないまま矮小化されてしまう危険性もある。我々の行動原理をより正確に理解しようという動機から生まれた社会現象であっても、多種多様な経験を一括りにしてしまっては、本末転倒だ。

セラピーとジェンダー

マッチングアプリにおいて、最近はよく「ワクチン接種済みかどうか」を表示するバッジが存在するが、それと同じように「セラピーを経験しているかどうか」を表示する機能が欲しいという意見もあるほど、「セラピーに通っているかどうか」は人間性を判断する際に大事な基準になっている。例えばマッチングアプリのHingeによれば、91%ものユーザーが、セラピーに通う人と付き合いたいと考えているという統計結果が出たという。*7

有害な男性性（toxic masculinity）は恋愛関係において多大な悪影響を及ぼすため、自主的に、積極的にセラピーに通って自分と向き合い、抱えている問題の解決や改善に取り組む男性を「良いパートナー候補」として見出す考え方も増えている。

定番のネットミームで、「男性はセラピーに通う代わりになんでもする」というものがある。例えば、「男性はセラピーに通う代わりにわざわざ起業する」「男性はセラピーに通う代わりにローマ帝国について専門家になるまで調べる」など、内省することに抵抗がある男性がセラピーに通うことを避けるために、わざわざ過激な行動に出て現実逃避を試みるという、「あるある」の現象を揶揄するものだ。

潜在的に男性が抱えがちである有害な男性性により、ヘテロセクシュアルな恋愛関係が男性優位の不健全なものに陥りがちであるという考えが社会的に広まった。そのことによって、女性たちが「ケア要員」として利用されることに嫌悪感を抱くようになり、そのような状況を回避するためには男性が自らをケアする必要がある、という意識が一般的になったのだ。男性は泣いてはいけない、感情的になってはいけない、常にタフでなければならないという社会規範によって、歴史的に男性は感情やトラウマを抑圧するだけではなく、それらと向き合う方法さえ教えられてこないまま大人になってしまっていた。そして世代を超えて、この抑圧された、渦巻くようなネガティブな感情は家庭内暴力やその他の虐待に繋がってきた。恋愛関係を「生活のパートナーシップ」と捉えるのであれば、性別にかかわらず、まずは自分自身の問題点や課題と向き合う必要がある。自分のケアに努めて初めて、他者とも健康的に向き合えるようになるからだ。

セラピーに通っている人に対して、「精神的に問題がある人」というネガティブなレッテルを貼って関わりを避ける人も中にはいるが、この辛い社会に生きていて、精神的にダメージを受けない方が非現実的だ。メンタルヘルスの問題が全くない人なんていない、という前提を共有し、「自分と向き合おうという意思があるのは良いこと」「自分で治そう、助けを求めようという姿勢は素敵」であると、社会全体が肯定的に捉えられるようになってきている。

「男性をセラピーに通わせよう」というムーブメントには、確かに社会的スティグマを減少させる効果があるだろう。しかし、生まれた時からタフでなければならない、感情を押し殺さなければならないと教えられ育ってきた男性を救うためには、ミームをバズらせる以上のことが必要になってくる。男性がセラピーに行くべきという主張を繰り返すだけにとどまらず、そもそもなぜ彼らがセラピーにアクセスしないのか・できないのかについて、根本的な原因から考えなければならない。さらには、セラピーは全ての問題を解決してくれるわけでは決してなく、あくまでも人生を長い目で見たときの「持続的な治療に役立つツール」であることを忘れてはならない。

　また、有害な男性性以外にも、なぜ人々はストレスやトラウマ的な症状を抱えるのか考える際に、アメリカ特有の社会問題も考慮する必要がある。例えば、後を絶たない学校での銃撃事件に対応すべく、アメリカの小学校では低学年の頃から「銃撃事件が発生したときの訓練」をさせられる。それに加えてアメリカ各地で起こっている無残な事件は、テレビやインターネットを通してそれを目にした子供にとって、トラウマの一言では表せないほど精神的な傷や不安として残る。さらに、アメリカでは人種や階級に基づく社会的・経済的格差が顕著だ。有色人種かつ低所得であるほど、警察に殺される心配、明日の食料や雇用の不安などが生まれ、メンタルヘルスにも大きな影響が出る。

　低所得者層コミュニティの人々は、不安、鬱、統合失調症の割合が高いという研究結果がある。さらに、メディケア、ＡＣＡ（Affordable Care Act）などの取り組みも行われているものの、アメリカの医療制度にはまだ大きな格差が存在する。[*8] 保険適用可能のセラピストも存在するが、セラピーの需要が爆発的に高まったコロナ禍を経て、そのようなセラピストは新規の顧客受け入れを止めてしまい、予約を取ることは不可能に近くなってしまった。結果として、セラピーを緊急的に必要としている人は全て自費で払わなければならなくなり、そもそも生活に困っている場合には、セラピーに通うこと自体が難しいのだ。

セラピストもマッチングアプリで探す時代

旧来的なセラピーといえば、セラピストの家かオフィスまで通い、対面で語り合うものだった。しかしパンデミックが始まって以来、鬱や不安症の症状を訴える人々の数が急増し、セラピストの数が不足するという問題が発生した。さらに感染防止対策として対面でのセラピーが不可能になり、Zoomでのミーティングなどリモートでの会話に多くの人が慣れたことによって、「セラピーアプリ」が爆発的に普及するようになった。例えば、セラピーアプリの大手プロバイダーであるBetterHelpはマッチングアプリと同じ要領で、セラピストに求める性別・宗教・性的指向・人種・年齢の条件や、どのような目的でセラピーに通いたいか、ビデオ通話と音声のみのどちらが良いかなど、細かく好みを選択でき、そこから最もニーズに合うセラピストと、およそ3万人の中から「マッチング」される。実際、私もこのサービスを利用しており、運よくとても相性の良いセラピストと巡り合うことができた。1週間に一度、45分のオンライン通話でセッションを行い、セッション外でもセラピストにメッセージを送ることができ、緊急の場合に対応してもらうことも可能だ。

他にも多種多様なアプリやオンラインセラピーサービスが存在し、テキストメッセージのみでのやりとりでセラピーを受けることもできる。顔を見せる必要も声を発する必要もなく、まるで日記を書いて誰かがコメントをくれるというようなSNS的な側面が強く、スマホ世代にとってはハードルが低い。また、対面で知らない人に悩みを全て打ち明けなければならないという旧来的なセラピーと比べて、心理的負担が比較的少なくアクセスしやすい。一方で、テキストベースでのセラピーの問題点として、マニュアル化されたような答えしかもらえなかったり、対面でのセラピー特有の「人間味」に欠け、まるでロボットと対話しているかのようなやるせない感覚になるという、ユーザーの不満もある。

さらには、セラピーアプリの会社は自社のセラピストを雇用せず、過重労働の契約セラピストに頼っているというシステム的問題もある。このシリコンバレー的な、さも非効率を解決するように見える「イノベーション」の裏で起きている搾取の構造は、DoorDashやUberなどのいわゆる「ギグ・エコノミー」と同じ問題を抱える。対面での診療の隙間にオンラインセラピーを行いたいと思ったり、自宅からリモートで診療したいと思うセラピストと契約し、一般的なセラピストの時給よりも遥かに低い報酬しか支払っていないのだ。さらに、企業はこのようなギグワーカーに対して福利厚生のある正規雇用の保証を提供せずに済んでいる。これらのアプリによってセラピーが爆発的に普及したのは確かだが、同時にセラピストを搾取したり、コストカットのために雇っているセラピストの質の管理を怠っているという社会問題も無視できない。

セラピー代わりの「ソフトドラッグ」消費

Ｚ世代にとって「セラピーのような存在」のものとして、音楽や料理に加えて、マリファナが大きな割合を占めていることも興味深い。一部地域におけるマリファナやマジックマッシュルームの合法化の影響が大きいと思われる。かつてはコカインなどの、「生産性向上」やパーティーでの気分高揚に役立つドラッグが若者に人気だったが、今では「ゆっくりとした時間を楽しめる」ツールとなる薬物がメインストリームになっている。

もちろんコカインやＭＤＭＡなどの「ハードドラッグ」は特にパーティーの場では今でも根強い人気を誇っているが、日常的に仕事終わりや週末にぼーっとマリファナを摂取することがもはやファッショナブルなもの、そしてアイデンティティや趣味の延長のようになっている人は多い。’60年代のヒッピーカルチャー回帰といえばそうかもしれないし、シンプルにハッスルカルチャーへの対抗とも取れる。どちらにせよ、若者が常に「現実逃避」できるツールを求めていることには変わりない。

マリファナの調査会社ニュー・フロンティア・データの最近の調査によると、Z世代にあたる18~24歳の人々のうちの69%が、アルコールよりもマリファナを好むと回答している。*9 かつて「裕福さ」の象徴であった酒に興味を示さず、長期的な依存や人体的悪影響の少ない、いわゆる「自然由来」のものを選ぶという点で健康にも配慮していることが浮き彫りになった。

さらに、YPulseのデータによれば、2020年12月までの1年間でマリファナの消費量は増えていて、全く吸わないと答えた人は74%から62%に減少し、毎日吸うと答えた人は4倍以上になったという。*10 隔離期間を初めとして、コロナ禍のストレスを解消する手段としても、今やマリファナは若者にとって欠かせない。

マリファナを吸って、ぼーっと音楽を聴いたり食べ物を食べたり、ということはZ世代の日常になりつつある。何せ、アメリカ社会は生きてるだけで大変なのだ。銃乱射やらコロナやら不景気やら、そんな中で毎日、自分に「ちょっとしたご褒美」をあげたい、という理由で「treat culture（ご褒美文化）」なんていうものも生まれたりしている。コーヒーとウィード（マリファナを指すスラング）とたまにお酒、でも一応程々に。そんなことでもしないと、やっていけないのだ。

Ｚ世代の親世代は、弱さを見せてはいけないと教えられ、有害な男性性やミソジニーにまみれたフェミニニティに束縛されてきた。そんな親世代の呪縛から逃れるために、Ｚ世代はインナーチャイルドと向き合い、幼少期の心の傷を癒し、その呪いを次の世代に受け渡してはいけないという自覚を持っている。社会をより生きやすい場所にしていくためにも、世代を超えて継承されてきたトラウマや不健康なメンタルヘルスの対処法を更新しなければならないのだ。

今までの社会が頑なに維持してきた有害なサイクルを断ち切る鍵を持っているのは、Ｚ世代だ。セラピーに通うことが一般的になり、メンタルヘルスについて発信し、親しい人と強固な信頼関係を築くことでお互いにかつてはタブーだったような対話を行い、セルフケアを優先できるような世界を、Ｚ世代は作っている。

「毎日を楽しく生きなくても良い。たとえ社会に希望が感じられなくて生きることが辛かったとしても、未来への希望を持ち続ける、ただそれだけのことが必要なのです」。私がセラピストに言われたことで、強く印象に残っている言葉だ。「幸せ」や「完璧」を求めなくても、少しでも今より良い未来が来ると希望を持って自分と向き合っていけたら、自分にも、そして周りの人々に対しても優しくなれるのかもしれない。

＊1 Erica Coe, Jenny Cordina, Kana Enomoto, Raelyn Jacobson, Sharon Mei and Nikhil Seshan, "Addressing the unprecedented behavioral-health challenges facing Generation Z" McKinsey & Company, January 14, 2022
https://www.mckinsey.com/industries/healthcare/our-insights/addressing-the-unprecedented-behavioral-health-challenges-facing-generation-z

＊2 Brad Brenner, "Gen Z Therapy: A Focus on Mental Health for a New Generation" THERAPY GROUP OF NYC, December 28, 2021
https://nyctherapy.com/therapists-nyc-blog/gen-z-therapy-a-focus-on-mental-health-for-a-new-generation/

＊3 Lexi Pandell, "Millennials May Be The 'Therapy Generation,' But Gen Z Is Even More Open About Mental Health" Bustle, July 1, 2022
https://www.bustle.com/wellness/how-millennials-and-gen-z-approach-mental-health

＊4 Arlin Cuncic, "Why Gen Z Is More Open to Talking About Their Mental Health" verywell mind, March 25, 2021
https://www.verywellmind.com/why-gen-z-is-more-open-to-talking-about-their-mental-health-5104730

＊5 Andy Kiersz and Allana Akhtar, "Suicide is Gen Z's second-leading cause of death, and it's a worse

epidemic than anything millennials faced at that age" INSIDER, October 18, 2019
https://www.businessinsider.com/cdc-teenage-gen-z-american-suicide-epidemic

*6 Stylist Team and Marianne Eloise, "Why are we all adopting therapy-speak?" STYLIST
https://www.stylist.co.uk/health/mental-health/rise-in-therapy-speak/568865

*7 Serena Smith, "Why do we only want to date men who've been to therapy?" DAZED, August 10, 2022
https://www.dazeddigital.com/life-culture/article/56732/1/why-do-women-only-want-to-date-men-whove-been-to-therapy-dating-relationships

*8 Genesis Rivas, "How Gen Zers Are Breaking Toxic Cycles of Trauma in Their Families" HelloGiggles, August 26, 2021
https://hellogiggles.com/lifestyle/health-fitness/gen-z-breaking-generational-trauma/

*9 Tiffany Kary, "What Do Zoomers Like? Pot or Shrooms, Not Booze" Bloomberg, May 31, 2022
https://www.bloomberg.com/news/newsletters/2022-05-31/gen-z-prefers-marijuana-or-shrooms-to-alcohol

*10 "These 15 Things Have Been "Like Therapy" for Gen Z & Millennials in 2020" YPULSE, December 9, 2020
https://www.ypulse.com/article/2020/12/09/these-15-things-have-been-like-therapy-for-gen-z-millennials-in-2020/

FOOD

「リアル＆楽しい」食に夢中

いまアメリカでは、Z世代の間で「TikTokと食事文化」の革命が起きている。コロナ禍で外食やクラブでの夜遊びなどが減った中、Z世代に残された楽しみはTikTokを経由して世界とつながること、そして自宅で「食」を楽しむことだった。ロックダウンとTikTokの流行のタイミングが重なったこと、Z世代の価値観が多様化したことにより、今、TikTokと「食」のフュージョンが起きている。TikTokには様々なサブジャンル（本を紹介する「BookTok」、金融関係の情報をシェアする「FinTok」など）が存在するが、レシピを共有したり、食事をする様子を紹介したりするサブジャンルは題して「FoodTok」と呼ばれる。

〝映え〟から〝楽しい〟へ

プロのシェフでなくても、もともと料理が得意でなくても、誰でも動画を投稿できるのがTikTok。自己流に編み出した「料理ハック」を紹介する人もいれば、先祖代々受け継がれてきたレシピをシェアする移民二世の人たちもいる。

この「FoodTok」は、若者たちの意識を変革していると言っても過言ではないほど、Z世代の食事文化に大きな影響を与えている。紙媒体でのレシピや長々としたオンラインの料理ブログなどでしか料理の情報を得ることができなかった以前と比べて、SNSが発達した今では圧倒的にアクセスしやすくなった。アメリカの大学生は外食をするか、自室でカップラーメンで済ませるかといった人が多いので、不健康になりがちだ。しかしこのコロナ禍で大学も閉鎖され、自宅にいることを余儀なくされた学生たちは、TikTokを通じて、暇つぶし、あるいは何らかの「生産性」を求めて、自分で料理を作るきっかけを得た。早いうちから自分で料理をする入り口をTikTokを通して見つけることができたのだ。

「完璧でなければならない」というプレッシャーが大きいInstagramとは異なり、「カオスでリアルなもの」が歓迎されるTikTokにおいては、料理も「見映え」より「楽しさ」や「手軽さ」が重視される。Z世代にとって料理系のコンテンツは、他者から見て「理想的、羨ましいと思うようなライフスタイル」かどうかではなく、自分にとって美味しいか、手軽に安く作れるか、そして「面白くて新しいもの」に出会えるかにこそ価値がある。

一昔前のミレニアル世代の代名詞と言っていいほどの爆発的人気を誇った食べ物といえば、アボカドトーストだ。手軽に作れるものの、高級感や「オシャレさ」もあって、その上ヘルシー。Instagramがミレニアル世代にとって必要不可欠になっていた2015年頃は、いかにオシャレな暮らしを送っているかをフォロワーに見せびらかすために、自分のアカウントの写真をキュレートすることは当たり前だった。カフェやレストランも、「インスタ映え」を求めてやってくる客の期待に応えるために、内装や盛り付け方、照明にまで工夫を凝らし、結果的に飲食業界に大きな変化をもたらした。

しかしコロナウイルスの流行以降、「フェイクで華やかなインスタ映え」を追求することに虚無感が伴うようになった。暇を持て余した若者たちは一斉にTikTokをダウンロードし、コンテンツを作ったり鑑賞したりするようになり、その中でも人気ジャンルとなったのがFoodTokだった。特にロックダウン中に孤独感に悩まされていた若者たちにとって、料理をしたり、アレンジコーヒーを作ったりする様子をシェアし合えるのは、まるで友達とFaceTimeをしたり、家で遊んだりしているのと同じような感覚だったのだ。

ユーザーたちはInstagramに投稿されているような、手の届かない理想的なライフスタイルに対する憧れによって突き動かされているのではない。TikTokでバイラルヒットとなった料理で記憶に新しいのは、フェタチーズのブロックとプチトマトにオリーブオイルを回し入れオーブンで焼き、茹でたパスタを混ぜ合わせる「ベイクドフェタパスタ」や、インスタントコーヒーをホイップして作る「ダルゴナコーヒー」、白飯の上に焼いた鮭の切り身を載せる「サーモンライスボウル」など。「ベイクドフェタパスタ」に至っては、TikTokでヒットしてからどの店に行ってもフェタチーズが売り切れ、手に入らない状況が続いたほどだ。1分前後の動画を見るだけで美味しい料理を作れたり、あるいは作った気分になれるのも、わざわざYouTubeで長いチュートリアル動画を見たり、レシピをネットで検索したりするよりも余程気楽でお手軽だ。Instagramで重視されてきた「美的世界観」に縛られるのではなく、「新しいものに挑戦」して刺激を得ることを、Z世代は楽しんでいる。[*1]

これらが訴求力を持つ根幹には、「リアルで個性的なストーリー」や「共感性」への信頼が紐づいている。FoodTokを語るにあたって欠かせない存在といえば、現在30歳のEmily Mariko（エミリー・マリコ）だ。日系ミックスである彼女はあえて日本名を名乗り、日本のルーツを視聴者にシェアするようなフュージョン料理を作って紹介している。彼女のファンのほとんどは、Z世代。残り物のサーモンをほぐして皿に盛り、白飯を載せ、電子レンジで温めた後に醤油やマヨネーズをかけて混ぜ合わせ、海苔を巻いて食べる。2021年9月に投稿された、たったそれだけの動画はあっという間にバズり、「エミリー・マリコ現象」と呼ばれるほどの影響をもたらした。動画では、彼女自身が喋ることはほとんどなく、綺麗に整頓されたキッチンで野菜を切り刻んだり、ラップをかけたりするなど、心が落ちつくASMR（Autonomous Sensory Meridian Response＝聴覚や視覚への刺激で脳に訴求する系の動画）のような「音」と「映像」だけ。現在約1200万人のフォロワーを誇る彼女だが、その人気の理由は、料理の真似しやすいシンプルさや適度なヘルシーさ、そして「理想的な落ち着き」を持ちながらも決して手の届かないほどではない、つまりインスピレーショナルであり親近感が湧くところにある。

彼女がTikTokにもたらした衝撃は、何と言っても「普通にご飯を食べる」こと。ヘルシーなライフスタイルインフルエンサーの食事といえば、グリーンスムージーにビタミンパウダーを加えたり、ヴィーガン食だったり、「過激なほど」にクリーンであることが一般的だ。一方、エミリー・マリコは玄米ではなく白米を食べるし、惜しげもなくマヨネーズをかける。決して「ダイエット」が主目的ではない彼女の動画は、多くのアメリカの若者に驚きとともに迎えられた。*2

野菜も食べるけれど、でも一方ではインフルエンサー界隈ではタブーとされてきたバターやアイスクリームも普通に食べる。それに理由や言い訳をつけることもせず、普通の日常の一環としてシェアする。この「普通さ」こそが、長年続いてきた不健康なほどのダイエットカルチャーに正面から対抗するようで、とても新鮮に感じられるのだ。ミレニアル世代を中心に行われた、不健康なダイエットを理想化する文化からの解放を目指した「ボディポジティビティムーブメント」の後継として、Z世代が「ボディニュートラリティ」を提唱しているのと同じように、健康食を過度に気にする「クリーンイーティング」から自由になろう、好きなものをバランス良く食べよう、という風潮に今、変わりつつあるように思う。

アイスコーヒーがステータスシンボルに

少し話は変わるが、「もうホットコーヒーを飲む人はいないのだろうか?」という記事がニューヨーク・タイムズから出ているほど、若者の間では「ホットコーヒーなんて飲めない、アイスコーヒー一筋」というカルチャーが生まれつつある。真冬でも、コールドドリンクがスターバックスでの飲料の売上の60％を占めているほどの人気ぶりだ。*3

このトレンドは一概にTikTokの影響や、Z世代に限定されたものであるとは言い切れないが、耐熱の紙カップに入れられて中身が見えないホットコーヒーよりも「どのようなドリンクを飲んでいるか」が外から見て分かるアイスコーヒーが、若者にとって一種の「アクセサリー」であることは確かだ。一時期ミレニアル世代の間で「インスタ映え」のためにドリンクにクレイジーなカスタマイズをすることが流行ったが、Z世代にとってはそもそもアイスコーヒーを片手に街を闊歩《かっぽ》すること自体が「生産的」で「クール」な象徴なのである。Instagramでモデルがアイスコーヒーを持ってポージングをしたり、TikTokでインフルエンサーがアイスコーヒー片手にカメラに向かって踊ったり喋ったりする動画を日々目にしている若者たちは、アイスコーヒーを「日常風景の一部として欠かせないもの」とみなしている。つまり、ある種のステータスシンボルなのだ。スケジュールがみっしりと埋まっていて、常に忙しく飛び回っている「クールな人」がアイスコーヒーを隙間時間にご褒美として、またはエネルギー補給として飲んでいる、というイメージだ。大学の授業や副業、SNSの投稿や友達とのオンラインでのやりとりなど、現代の若者たちは絶え間なく忙しい。「カフェインと甘いものがないとやっていけない」というフレーズが口癖になっているほど、毎日何杯ものコーヒーに依存している人も少なくない。

さらにコロナ禍で、アプリでコーヒーをスターバックスなどの店にオーダーし、テイクアウトして自宅などで楽しむ人も少なくない。アプリでの注文は「店員にどう思われるか」などを気にする必要がないためカスタマイズがしやすくなり、ロックダウンで退屈を持て余していた人々にとって日々の楽しみの一つとなった。TikTok でも「#coffeerecipe」のタグが大人気となり、独特のカスタムオーダーを紹介するインフルエンサーも現れた。

インフルエンサーが「ライフスタイルの延長線上」として、コーヒーブランドを展開していることも、このトレンドの影響力を象徴している。YouTube 発のZ世代インフルエンサーで最も有名なエマ・チェンバレンは、現在は TikTok アカウントを削除しているものの、自身のあらゆるＳＮＳプラットフォームにおけるコネクションを活用し、Chamberlain Coffee というコーヒーブランドを立ち上げ、これがビジネスとして大成功した。彼女は初期の YouTube 時代から、いかに自分がコーヒーが好きか、カフェイン中毒であるかといったことを自身のアイデンティティのようにくりかえし語ってきた。また、コーヒーブランドを立ち上げることが夢であるとも公言しており、「エマといえばコーヒー」というイメージがあるからこそ、「エマのコーヒーを買えばエマに近づける」と人々に感じさせるのだ。このような、いわゆるパラソーシャルな（一方的に著名人と関係性を持っているかのように錯覚する）感覚を持つ若者たちは、インフルエンサー及びそのライフスタイルに憧れと親近感を抱き、彼らの商品を購入する。Z世代にも共鳴するようなスタイリッシュなブランディング、手軽に購入できる価格帯、カスタマイズできるレシピ。「エマに近づいた」気分になれる上に、SNSのトレンドも押さえることができる。*4

同じような例で、TikTokの元祖女王として知られるチャーリー・ダミリオとファストフードチェーンのダンキン・ドーナツがコラボレーションをして、「The Charli」というドリンク（ミルクとキャラメルソース入りのアイスコーヒー）を販売したことも話題となった。企業が正式にチャーリーをアンバサダーとして起用する以前から、チャーリーはダンスを踊る前に一口ダンキンのコーヒーを飲むところを動画で投稿しており、それが彼女の「ブランド」の一環でもあった。そのような「オーセンティックな好き」を世界に発信できることは、TikTokの魅力の一つである。そして無理やり企業の都合で組まされたコラボレーションよりも「リアルさ」や「個性的なストーリー」が感じられるからこそ、Z世代の支持が集まるのだ。*5

リアルな食事を発信するブーム

TikTokで人気のトレンドに、「that girl」と呼ばれるものがある。詳細についてはまた別の機会に論じるとして、簡単に説明するならば、毎日健康的な食事（特にグリーンスムージーを作る人が多い）をして、ジムに通って運動をして、仕事もバリバリして、つまり「丁寧な暮らしを送り仕事もがんばる、輝いて見える女性」になることを目指そうというものだ。男性にモテることやお金を稼ぐことを人生の目的にするのではなく、自分自身に投資をしよう、という考え方を提唱している。いかにも健康的でマインドフルなウェルネストレンドのように見えるが、実際のイメージ像は痩せた若い白人女性だったり、過度に「クリーン」な食事を目指したりと、白人至上主義の美的価値観や、不健康なダイエット文化が再パッケージングされただけなのではないかという批判もある。*6

TikTokをスクロールすれば必ず一回は目に入る人気のコンテンツに、“What I eat in a day”、つまり「私が一日で食べるもの」と題した、自分が今日何を口にしたかを記録し、調理から食事までの過程を投稿するジャンルの動画がある。特に再生回数が伸びやすいのは、やはり「理想的」と感じられるもの、つまり驚くほど綺麗に盛り付けられていたり、視聴者が自分の食生活を思い返して落ち込むほどの「ちゃんとした健康食」だったりする。そもそもその動画の投稿者たちがそのような食事を本当に毎日食べているのかどうかは疑問に思われ、若いユーザーに摂食障害などの悪影響を与えるとも批判されてきた。

しかし最近、TikTokではそのトレンドに変化が起きている。「太っている私が一日に食べるもの」「本能の赴くままに食べる私の一日の食事」など、ダイエットのため、またはトレーニングで筋肉をつけるために食事制限をするのではなく、好きなものをなんでも食べ、カロリー計算をすることなく、そして美しく皿に盛り付けたりすることもなく、「私のリアルな食事」を発信するクリエイターが増えている。これはある意味、視聴者に「心の落ち着き」を与えてくれる。インフルエンサーが再生回数を伸ばすために作っている世界観は必ずしも真実ではなく、自分と同じような食生活をしている人がいる、完璧でなくてもいいと思える動画は、社会からダイエットのプレッシャーを与えられてきた若者に精神的な平穏をもたらすのだ。[*7]

とはいえ、TikTokの動画のすべてが若者の食事文化にいい影響を与えているわけではない。記憶に新しい事件といえば、2022年7月に販売され瞬く間にSNSの媒体を超えて話題になった「Pink Sauce」という名の商品だ。TikTokの自称「シェフ」インフルエンサーが販売したピンク色のディップソースだが、分量の誤表記があったり、パッケージが壊れていたり、保存の要冷蔵について未記述であったり、健康被害が発生しそうな杜《ず》撰《さん》さに（主にTwitterで）大騒ぎになったのだ。*8「Pink Sauce」がミレニアル世代に大人気だった「ミレニアルピンク」の淡いピンク色ではなく、Z世代が好きそうな「ビビッドなピンク」であったことも興味深い。バズっていたから購入しただけ、などそれぞれの事情はあろうとも、牛乳やレモン果汁の入った謎の製品を購入して冷蔵もしないで食べる、というSNS世代の衛生観念に対するリテラシーの低さも問題視された。

「Z世代はGoogle検索よりもTikTokを頼る」という統計結果が話題になっているが、Z世代はまさに広告や商品に対するリテラシーをまともに身につける前に、コンテンツだけが無作為に流れてくるSNSに晒《さら》されつづけている。主にインフルエンサー市場を担っているのはミレニアル世代だが、Z世代は「リアルなバズやトレンド」を「現実の世界」のように感じてしまうので、結局消費社会に加担していることには変わりないのだ。

食事という生活の根幹にまでTikTokの影響が及んでいることからは、裏を返せば食事がいかに社会的影響を受け、Z世代の文化的生活と密接に関係しているかが見える。ボディポジティビティムーブメント、ガールボスムーブメント、そしてその先にあるウェルネスブームなど、商品を売りつけるために、特に女性の身体をめぐる価値観や、「健康」

の定義は社会全体で目まぐるしく変化しつづけている。そんな中で、Z世代によって「ニュートラリティ」が、つまり社会に押し付けられる「理想」から離れようとする動きが生まれつつある。身体的にも精神的にも健康な生活が送れているのであれば、毎日のちょっとした幸せのために好きなものを食べたり、日々の暮らしがより豊かに感じられるように料理を楽しんだりすることは、我慢するべきことではない。リアルであること、そして「自分自身を好きになれる」ことを求めてTikTokに夢中になるZ世代の、「食べ物くらい自由に楽しみたい」という叫びが、FoodTokの繁栄に映し出されているのかもしれない。

＊1 Ann Hui, “TikTok is transforming how and what we eat” THE GLOBE AND MAIL, September 15, 2022
https://www.theglobeandmail.com/life/article-looking-for-the-next-big-food-trends-follow-foodtok/

＊2 Stephanie McNeal, “The Refreshing Lack Of Diet Culture In Emily Mariko's TikToks” BuzzFeed News, October 7, 2021
https://www.buzzfeednews.com/article/stephaniemcneal/emily-mariko-tiktok-salmon-rice-viral

*3 Gina Cherelus, “Does Anyone Drink Hot Coffee Anymore?” The New York Times, September 8, 2022
https://www.nytimes.com/2022/09/08/style/iced-coffee-starbucks.html

*4 Sasha Weilbaker, “Cold Coffee for a New Cohort: What Chamberlain Coffee Says About Gen Z Coffee Drinkers” FRESH CUP MAGAZINE, December 20, 2022
https://freshcup.com/cold-coffee-for-a-new-cohort-what-chamberlain-coffee-says-about-gen-z-coffee-drinkers/

*5 Lora Kelley, “Welcome to Dunkin’ World” GQ, September 13, 2021
https://www.gq.com/story/welcome-to-dunkin-world

*6 Arwa Mahdawi, “Has gen Z really killed off dieting – or has it just changed its name?” The Guardian, January 12, 2022
https://www.theguardian.com/commentisfree/2022/jan/12/has-gen-z-killed-off-dieting-or-just-changed-its-name

*7 Lauren Strapagiel, “People Have Been Flipping ‘What I Eat In A Day’ TikToks To Be Anti-Diet And I Was Immediately Hooked” BuzzFeed News, May 19, 2021
https://www.buzzfeednews.com/article/laurenstrapagiel/tiktok-what-i-eat-in-a-day-anti-diet

*8 Kelsey Weekman, “People Are Saying The TikTok Pink Sauce Is ‘Disgusting,’ But The Way People Are Treating Its Creator Is Also Leaving A Bad Taste In My Mouth” BuzzFeed News, July 22, 2022
https://www.buzzfeednews.com/article/kelseyweekman/tiktok-pink-sauce-creator-carly-pii-talks-backlash

COLUMN 梅干しと生活のパフォーマンス化

日本で「若者の梅干し離れ」が話題になっている。

若者の梅干し離れはお金がないからだと言われるけれど、実際はもっと複雑な理由だと思う。インフルエンサーによる1日のルーティン動画や「映える」食事の人気は「生活までもがパフォーマンス化」される原因にもなっている。要は梅干しが「イケてる」ものとして認識されたら、買われるだろう。

今はモノそれ自体の価値よりも、そのモノに付随する社会的価値やステータスの方が重要視され、購買意欲（ないしは幻滅）につながる。モノ自体ではなく、モノを買った先にある（架空の）「生活」、ないしは「自分」を購入していることに等しい。簡単な例で言うと、痩せる・モテるとか言ったら売れるでしょう。

特に最近のシニア世代は健康のために減塩を意識している人も多いし、単純に「若い人は梅干しに興味がないから」「買うお金がないから」と片付けられないと思う。大した議論でもないのだが……とにかく今はモノを買うことが、ある種自己表現や「属性」の選択でもあることは明らかだ。

日本は何でも安く買える国だし、特に食べ物に関しては選択肢が無限で日本を訪れるたびにすごいと思う。高いものでも何らかの理由で「羨望」が生まれれば大して美味しくなくても購買意欲が増して行列もできる。当然だが「イメージ」たるものはとても大事だ。

アメリカのZ世代の間でも、「映える」パッケージングが重視されている。デザインのトレンドは流行り廃りが早いが、特に食の分野では消費者の心理に大きく影響することもあり、世代ごとのデザイントレンドが明確にある。結局、「梅干し離れ」の理由はパッケージングにもあるのではないか？

「梅干し離れ」の問題を解消するために必要なのは、「消費してください」と若者に懇願することではなく、根本からのイメージの刷新なのではないだろうか。このことは梅干しに限らず、「人気不振」のものに当てはめて言える。だが、このことから浮き彫りになるのは、「イメージの刷新次第でいくらでも人々の購買意欲は煽動されてしまう」という、非本質的で少し悲しい事実でもある。

MOVIE

エブエブ旋風の奇跡

いまアメリカでは、Z世代の間で『エブリシング・エブリウェア・オール・アット・ワンス（Everything Everywhere All at Once）』の革命が起きている。「世界で最も凄い映画」と評価する声が後を絶たず、『ミッドサマー』『ユーフォリア』『ヘレディタリー／継承』など数々のヒット作を輩出している配給会社「A24」史上最高ヒットとなり、全世界興収で1億ドルを突破した（日本では2023年3月3日公開）。ハリウッドでは長年、アジア系が主役で、アジア系の人々の経験を描いた作品は「誰もそんなもの見たくない」と揶揄されてきた。アジア系のストーリーが描かれないということは、社会で彼らの「存在」が可視化されないということでもある。さらには、実力のある俳優であってもアジア系というだけで脚光を浴びる機会がそもそも得られない、そんな構造を継承することでもあ

る。そんな中で、『エブエブ』はほぼ口コミとリピート客で話題となり、「何がすごいのかよくわからないしネタバレのしようもないけど、とにかく見て欲しい」という熱烈なファンの声でここまで広がり、ゴールデン・グローブ賞やアカデミー賞でも数々の受賞やノミネーションを獲得している。アジア系の俳優が世界レベルの映画界で活躍する道を作った最近の話題作『クレイジー・リッチ!』や『パラサイト 半地下の家族』、『ミナリ』などに続く「社会現象映画」だ。私自身にとっても大きな影響を受けた作品であり、その成功と高評価に納得がいく衝撃作だ。

アジア系移民家族の物語

「トリッピーなマルチバースSF系映画」という一言では到底表せない。オマージュだらけのアクションシーン、ホラー的な緊迫感、泣ける恋愛回想、心温まる家族の絆など、観る人によって「注目ポイント」が変わるのも面白い。監督自身が経験した移民二世としての葛藤や、ADHDの症状体験も作品の元になっており、監督たちのパーソナルな思い入れの強さが反映されていることが、作品の随所に感じられる「愛らしさ」の一つの要因なのだろう。

コインランドリーを移民夫婦で営み、忙《せわ》しない毎日を過ごす中で漠然とした人生の後悔を抱えながらも、ギスギスしている家族間のコミュニケーションや娘との価値観のズレに向き合うことができない。さらに、確定申告で四苦八苦し、挙げ句の果てに税務署の白人の担当者には人種差別じみた対応を受け、追い詰められる主人公エヴリン。そんな彼女が「パラレルワールドの自分・家族の人生」を冒険し、「過去と今」と対峙《たいじ》しながらマルチバースを救うミッションを課される……、という、とにかく説明しづらくて、奇想天外なストーリーだ。こんなに「変わっている」作品が爆発的人気を得たのは、まさに今社会全体で求められている、「人生の本質を見つめ直す」ことをテーマにしているからだろう。さらに、「アジア系移民の体験をちゃんと〝見せてくれる〟映画になっている」「クィアなアジア人にとっては精神が破壊される映画」などTikTokをはじめとしたSNSの投稿によって、Z世代の間で特段話題になった。

予告編では、マーベル顔負けのエフェクトがすごいカンフー・ファンタジー映画として紹介されていたが、実際の中心的テーマはアジア系アメリカ人の移民家族が抱える複雑な葛藤で、クィアな人や親との世代間の価値観の違いで悩んでいるようなマイノリティの観客に直接響くように作られている。つまり「マイノリティのあるあるをアクションとファンタジーに絡めて可視化」したことが大きな功績なのだ。ストーリーの奇抜さ、そして

「人生の本質」に真正面から向き合う監督とキャストの誠実さも高く評価されており、映画史を変える作品であるとされている。他にも、例えばセットを必要とするシーンはほとんどコインランドリーとオフィスで完結させ、それ以外はVFXや衣装・メイク・照明、そしてショッキングな場面転換で補い比較的低予算でこれだけのクオリティの作品を作り上げたことも、映画業界をざわつかせた。大手ヒーロー映画のような莫大な予算がなくても、クリエイティブな発想と人間性に深く着目したテーマが魅力になっている。映画業界、そして映画好きにとっても希望が湧くような快進撃は圧巻だ。

２０２２年の３月に公開された当初、まだアメリカでは映画館に足を運ぶことをためらう人も多かった。２０２１年まではコロナウィルスの影響もあり、シアター限定リリースではなく、ストリーミングサービスとあわせて公開される作品も多かった。「映画館に行く」という習慣がまだ戻りきっていない状況の中で、ここまで「映画館でこそ、この映画を体験したい」と思わせることができたのは、ストーリーの力強さ以外の何ものでもない。広告やギミック的な「話題性」では持続可能な「支持」は集められない、ということをこの作品はまさに証明した。

監督へのインタビューを行った際（「ＢＲＵＴＵＳ」２０２３年２月１日発売号）にも、彼ら（ダニエルズ）は「この映画は温かな抱擁のように感じられたのだと思う」と語っていた。たくさんの人が精神的、身体的な傷を負ったコロナウィルス、絶え間ないヘイトクライムと浮き彫りになる構造的人種差別、そして腐敗しきった政治とモラルを失った民衆。生きているだけで様々な社会問題を突きつけられる日々の中で、この映画は人々が求めていた「生きる意味」を、大袈裟ではなく与えてくれるきっかけにもなったのだ。

アジア系アメリカ人、移民、そしてクィアな人など、いわゆる「マイノリティの体験」に焦点を当てたことがまさにこの作品の鍵だが、その一方で「賛否両論」があったことにも触れておきたい。上の世代の大人や白人による「フィールグッドなおふざけ映画なのに、過剰評価されている」「ただの派手なアクション映画にしか感じられなかった」という評価に対して、マイノリティ当事者たちの反論コメントがずらりと並ぶ。「自分たちがメインキャラクターじゃない作品にすぐにケチをつけるのか」「共感できないのはあんたの問題であって、映画の趣旨を全く理解できていない」と。マイノリティコミュニティやZ世代・ミレニアル世代にとって、全力で擁護したくなるほど、自己投影できる作品であるともいえるかもしれない。

「世代間トラウマ」を描く

アメリカで広がっているセラピー文化については前述したが、generational trauma と呼ばれるフレーズも注目されている。日本語では「世代間トラウマ」と呼ばれ、戦争を体験した人、差別や家庭内暴力、性的暴行などがトラウマの例として挙げられるが、例えば家庭やコミュニティ単位での子供への接し方によっても、トラウマが形を変えて引き継がれてしまう。*1

移民二世のアジア系アメリカ人にとっては、アジアから移民してきた親たちが祖国、そして新たな地で経験してきた苦労も「世代間トラウマ」の一つだ。「私たちのような苦労をあなたがしなくてもいいように」、学校でいい成績を収めなければならない、いい大学に合格しなければならない、いい会社に就職しなければならない、と移民の親が子供にプレッシャーを与え続けるのは「あるある」だ。完璧な子供でないと親から認められず、「否定」をベースにした家庭教育を受けたアジア系アメリカ人の若者たちは、劣等感や鬱、不安症などを抱えがちになる。さらには西洋の価値観だとされる「メンタルヘルス」の重要性も東洋出身の家族にはなかなか理解してもらえず、悩む人も多い。アメリカで生まれ落ちた子供からしたら、他の子みたいに自由に遊べないことも、自分の家だけ価値観が保守的なのも、食事から言語まで文化が学校の他の子と異なるのも、全てコンプレックスになりやすい。そのような家庭環境から生まれるトラウマに加えて、ヨーロッパによる植民地支配、南京大虐殺、広島・長崎の原爆投下、朝鮮戦争、ベトナム戦争、文化大革命など、アジア系の先祖はたくさんのトラウマを経験し、悲劇的な歴史を歩んできたのも事実だ。[*2]

移民として家族との隔絶や人種差別を受け、娘に厳しく当たってしまう母親。そしてその連鎖を断ち切りたい、新たな価値観を持った娘。このアジア系アメリカ人の世代間トラウマに着目し、美化することなくありのままの形で伝える映画として、『エブエブ』は大きな成功を収めた。TikTokを中心に、いわゆる「セラピースピーク」(セラピストが使うような、メンタルヘルスに関する専門用語)が広く知られるようになった影響も大きく、「世代間トラウマ」についての知識も一般化されていた。このように「うちだけが変なのか」という疑問の輪郭をはっきりさせる「言語」を手にしたZ世代にとって、家族の理解を得られない現象や自分がずっと感じてきたストレスの原因が映画のスクリーンで映し出されるのは、目の覚めるような出来事だったのだ。観客が感じていた「漠然とした違和感」のありかを可視化し、活躍の機会がなかなか得られなかったキャストが最大限輝ける場を生み出した。そういう意味でも、『エブエブ』は「世代間トラウマをヒーリングしている作品」とも言われている。*3

アカデミー賞の記録をぬりかえる

２０２３年1月24日に、アカデミー賞ノミネート作品が発表された。『エブリシング・エブリウェア・オール・アット・ワンス』は10部門にノミネートされ、全作品の中で最高ノミネート数となった（その後3月13日に開催されたアカデミー賞授賞式では、作品賞、監督賞、主演女優賞、助演男優賞、助演女優賞、脚本賞、編集賞の7部門を獲得）。立派な経歴のある大御所監督でもなく、ほぼアジア人キャストで構成され、ストーリーも演出も随所にＤＩＹ感が滲み出ているが、その親近感さえも多くの人の心を動かす要因になったのだ。キャストはインタビューの機会を得るたびに「家族のようなチーム」「私たちにチャンスを与えてくれた監督に感謝」と発言しているが、劣悪な撮影環境や倫理的に問題のある俳優などハリウッドの現場が問題視されている中で、「自分にとっても大切なこのストーリーを届けたい」というモチベーションのもと、チーム一丸となって愛と熱意を持ち、アカデミー賞にとっては異例中の異例の作品が制作されたこと、それ自体が映画業界における大きな革命でもある。『パラサイト』がアカデミー賞の4冠を達成し、全世界に衝撃を与えてから3年。『エブエブ』はそのレガシーを引き継ぎながら、一つの映画から4人が演技部門でノミネートされるという歴史的快挙を成し遂げた。

主に大きな話題を呼んでいるのが、アカデミー賞の95年の歴史の中で、ミシェル・ヨーがアジア系女性として初めて主演女優賞にノミネートされたということ。さらに、助演男優賞で最有力候補であるとも言われている、父親役のキー・ホイ・クァンは、『インディ・ジョーンズ』の元子役として知られ、『エブエブ』で俳優復帰したことでも注目されている。ハリウッドで40年近く役を得られず、俳優として大変苦労し、裏方の活動を続けていた。そんな彼が、1985年に『キリング・フィールド』でハイン・S・ニョールが受賞して以来、中国系の助演俳優としては史上2人目、ベトナム出身の俳優としては史上初めてアカデミー賞にノミネートされたことは、映画業界を志望するアジア系の若者たちにとって、計り知れないほどの希望を感じる出来事となった。

娘（ジョイ）の役を演じたステファニー・スーも助演女優賞にノミネートされている。彼女はこの作品でその圧倒的な演技力が高く評価され、観客に最も大きな衝撃を与えたと言っても過言ではない。さらに、実際にクィアな女性がクィアな役を演じるという当事者性も、「クィアなアジア系アメリカ人のストーリーをパワフルに語る」ことに成功している一つの理由だろう。

『エブエブ』の先駆けとして、社会的に大きな転機となった作品といえば、2018年に公開された『クレイジー・リッチ!』だ。キャストが全員アジア系の映画がメインストリームで評価されること自体、当時の社会状況に鑑みると確かにおおごとだった。

ミシェル・ヨーはこのように発言している。「4年前、『クレイジー・リッチ!』が公開される前だったら、こんなことにはなっていなかったと思うんです。だから私は、キーをとても誇りに思っています。彼はチャンスに向かって走り出したんです。でも、私はもっとチャンスが欲しい、と言いたい。ステファニーも、ハリー・シャム・ジュニアも、ロニー・チェンも――、彼らはアカデミー賞のチャンスを得るに値します[*4]」。

このように、十分に実力があり、他の白人俳優たちの何倍も努力して初めて認められるような役者たちにフェアな機会が与えられ、彼らが「自分たちにとって真実であるストーリー」を語るきっかけを監督たちが作り、興行的に大成功したこと。それ自体が大きな革命だ。さらに「スクリーンに自分が映っている」「自分の存在が認められている」と観客が感じられること。今まで存在していても社会で関心を向けられることのなかった「マイノリティのストーリー」が、初めてここまで大きなスケールで語られた。人々の経験が可視化され、声が言語化される、そのことが持つ絶大な力をアメリカ中の若者たちが感じたのだ。

優しい作品の誕生

何度も触れているように、ミレニアル世代やZ世代の間ではメンタルヘルスやセラピーについて語ることが一般化されるにつれて、世代間トラウマ、愛着スタイル、ラブランゲージなど、専門用語的なフレーズも知られるようになった。これによって自分や他者と向き合うために気持ちを言語化するツールが増え、家族間の確執に関しても「何が根本的な問題なのか」について親よりも若者の理解が進んでいる、という状況が生まれている。「考えが古臭くて頑固な移民の親」はステレオタイプの一つだが、実際に「あるある」なのだ。そんな「変わりにくい親」を「変われない親」としてレッテル貼りをし、性質を固定するのではなく、「変われる人間」として描いたことが『エブエブ』の特徴でもある。『エブエブ』の監督たちはミレニアル世代だが、クワン監督は特に「生まれた子供世代のために大人として何ができるか」を意識して作っていると語っている。親世代の「変わりにくい」気持ちも、Z世代以下の若者の「理解して欲しい」「ありのままで受け止めて欲しい」気持ちも理解して汲み取っており、両者のストーリーが誠実に描かれているから、嘘がない。

特に「親に理解されない子供」が自分自身と向き合い、家族間の関係修復に努め、最終的には親が自らの過ちを反省する、「子供に謝罪する親」系の映画は、最近の「トレンド」と言ってもいいほど立て続けに公開されている。特にアメリカのZ世代が人種的に多様化している傾向を見ると、移民（有色人種）やLGBTQ＋など、「アウトサイダー」の物語に共感する若者の台頭によって、新たな市場が生まれていることの象徴として捉えられる。さらに、「地に足が着いていなくて弱々しい」とブーマー世代にレッテルを貼られたミレニアル世代が、今や映画監督になるような年齢になり、自分だけでなく、子供の世代のために作品を作り始めている。この世代交代によって、「人間の弱さに着目した優しい作品」が生まれているのだ。

アジア系の俳優たちを主人公に置いた作品は、すでに紹介した『クレイジー・リッチ！』が先駆けとなったが、『クレイジー・リッチ！』はまさにオール・アジア系キャストによる、これまでにない大規模な超大作だった。アジア人キャストを中心に据えた大作は、１９９３年の『ジョイ・ラック・クラブ』以来初めてで、多くのZ世代にとってこれが映画作品で体感する初めてのAsian representationだった。アジア人キャストだから支持するというわけではなく、実際に良いラブコメだったことで「アジア系以外の観客にも受け入れられた」とも取れる。つまり「アジア系以外にも訴求するようなハイレベルな内容でないと、排除されてしまう」という懸念は大いにあったのだ。それゆえ「たまたま、アジア人キャストだった」という宣伝方法が当時は顕著に見られ、特に「アジア系の経験を代弁した、アジア系のための映画」というわけでもなかった。

その後、「アジア系アメリカ人の表現」をテーマにした映画が次々と公開されるようになった。『フェアウェル』はアメリカに染まった主人公がルーツの中国を訪れ、家族に会い、親との断絶や文化的な葛藤を感じる変化をリアルに描いた。『シャン・チー／テン・リングスの伝説』は、主人公を演じたシム・リウの過去のSNS投稿などで批判が起き、作品に汚点が生まれてしまったが、アジア系のマーベルのキャラクターが大スクリーンに映し出されたことの社会的な意味は大きい。同時期に、ロックダウンによって高まったアジア系への憎悪から生まれたヘイトクライムが急増。“stop asian hate”のムーブメントも起こり、毎日残酷なニュースを見ながら、アジア系が団結し、声を上げなければならないという意識が生まれた。

ピクサー作品の『私ときどきレッサーパンダ』は、いまだかつてないほどリアルなアジア系移民二世の子供の心境を描き、大きな革命を起こした。価値観の異なるお母さんを「恥ずかしい」と思ってしまう葛藤、家族のことは愛しているけど自由が欲しいと願うわずかな反抗心など、切実すぎる「親に理解されたい」気持ちを子供の視点から描いた。「ハリウッドのホットな新潮流。反省する親」というタイトルのVoxの記事が書かれているほど、この「子供に謝罪する親」作品の社会的重要性は大変注目されている。『エブエブ』は、私が「ミレニアル世代向け謝罪ファンタジー」と呼ぶ、突然流行りだした映画の亜流に属するもので、他の多くの映画（そのほとんどはアニメ）と並んでいる。ピクサーの『私ときどきレッサーパンダ』を始め、『ミラベルと魔法だらけの家』、『ミッチェル家とマシンの反乱』などだ。親が自分のためにどれだけ犠牲を払ったかを子供が学ぶという昔ながらの物語ではなく、むしろその鏡像である」。[*5]

これらの作品の特徴としては、親は絶対悪の存在ではなく、親自身も何かしらのトラウマを経験している一人の人間であり、そのトラウマが癒えていないから同じ問題が親子の間で繰り返されてしまう、という「親子の気づき」が描かれていることだ。この事実を認め、互いを理解して初めて、良い関係性を作り直すために踏み出せる。親に認めて欲しかっただけの子供が、何かしらの「謝罪」を親に求めると同時に、親は子供からの「許し」を求めている。互いを人間同士として向き合える関係性を親子は本質的に求めている、だけど現実ではなかなかそうはいかない、そんな「理想のシナリオ」を「ファンタジー」として形容しているのだ。親にアイデンティティを認めてもらえていないクィアな若者は、「受け入れてくれる親」「子供を受け入れなかったことを謝る親」を「パラレルワールドでは存在し得たかもしれない」親の理想像として抱え続ける。『エブエブ』でもまさに「娘がクィアであることを受け入れるのに苦労する」エヴリンと、別世界では「科学の発展のために娘を破壊する」エヴリンがパラレルで描かれており、親が子供に与えるプレッシャーや無理解を、まさにファンタジー調で描く。*6

「『エブエブ』は理想主義だ」と言う人もいるかもしれない。しかし私の友達（カンボジア系アメリカ人でゲイの大学生）はこの作品を映画館で観るために6回も通い詰め、この映画がきっかけで親との関係性に対する視点が大きく変わった、とも話していた。「親に電話をかけたくなった」「親も過去の自分も、許そうと思った」という感想も多く見かける。たとえ生まれ育った国も時代も違っても、本質的には人間は「理解しあいたい」もので、その事実と愛を持ち合わせていればこの社会は少しでも良くなるかもしれない、そんな夢を抱えて監督たちがこの作品を作ったのだ。

ダニエル・クワンとダニエル・シャイナートはツイッターで、「『エブエブ』の脚本を書くことは、無関心で冷たい世界に向けての愚かな祈りだった。すべての矛盾を調和させ、最大の疑問を理解し、人間の最も愚かで不敬な部分に意味を吹き込むという夢だった。世代間トラウマに崩れ落ちやすい世代間のギャップを埋めるために、あらゆる方向に自分たちを伸ばしきりたかった」[*7]と言っている。

絶望すら受け入れる映画

本当は家族で理解しあって、愛されたいだけなのに。理想の子供じゃなかったとしても、ありのままの自分を親に受け入れてほしいだけなのに。子供のことを厳しく育ててしまった自分の罪を、子供に許してもらいたいだけなのに。自分が過去に選択してしまった道を後悔したくない。今ある幸せになぜ気づけないのだろうか。たった一つの選択の違いで、全く違う人生になったかもしれないのに。それでも、今の人生を生きる理由を見つける。この「人生で感じる運命や後悔」は、誰しもが体験することであり、つまりどんな角度からでもこの映画を楽しめるはずだ。若者だけにフォーカスするのではなく、大人が抱える葛藤や変わりゆく社会に順応する難しさにもしっかり向き合うことで、多重層になった世代間のコミュニケーションの難しさ、そして重要さを描くことができている。

アメリカのZ世代は、絶望の社会を生きている。「生きる意味などない」と感じ、無気力になってしまう人も少なくない。しかし『エブエブ』はネガティブに沈みゆく感情を無理にポジティブに転換するのではなく、その絶望を受け入れた上で「だからこそ今ある自分を生きるしかない」と、「ありのままの今を生きる」選択肢を提示する。ニヒリズムや鬱病を軽視することなく、誠実に捉える。マルチバースをめぐるストーリーも夢の世界の「ファンタジー」に回収されてしまうのではなく、あえて明確な答えを見出さないまま、ストーリーの続きを観客の想像に任せる。「これからどういう社会を作るか、どういう人生を歩むかはあなたたち次第」というメッセージとしても受け取れる。

人間は単純なものではなく、複雑な感情や経験が渦巻いている。不器用で変わりにくくて、なかなか学べないからこそ、愛情を持って行動すること、理解や共感、エンパシーを持つことの重要性がモットーとして仕込まれている。そんな風に言うと説教くさい映画のように感じてしまうかもしれないが、そうではない。監督たちの社会に対する絶望や緊迫感が反映されていて、子供の世代、そして直近ではこの映画を観た人に少しでも良い社会、少しでも良い未来を経験してほしいという気持ちが込められているから、嘘がない、誠実な作品に仕上がっているのだろう。たくさんのアジア人の俳優に機会を与えたこと、描かれるべきストーリーを描いたこと、それはごく当然のことではあるが、今の社会ではなかなか難しい。「当たり前」を覆し、次世代にとってより生きやすい世界を映画作品を通して作り上げる過程は、一つの小さな行動であってもZ世代にとっては大きな希望だ。

*1 Claire Gillespie, "What Is Generational Trauma?" health, Updated on August 11, 2023
https://www.health.com/condition/ptsd/generational-trauma

*2 Jed Chun, "A Reflection on Asian Intergenerational Trauma" Asian Mental Health Collective
https://www.asianmhc.org/a-reflection-on-asian-intergenerational-trauma/

*3 Christopher Luu, "Stephanie Hsu Described the Record-Breaking Number of Asian Nominees at This Year's Oscars as 'Intergenerational Healing'" InStyle, January 25, 2023
https://www.instyle.com/stephanie-hsu-oscar-nomination-intergenerational-healing-7099279

*4 Mark Olsen, "Michelle Yeoh says she finally gets to be herself: 'Thank you for seeing me'" Los Angeles Times
https://www.latimes.com/entertainment-arts/awards/story/2023-02-07/michelle-yeoh-everything-everywhere-all-at-once-oscar-interview-evelyn-wang

*5 Emily St. James, "Hollywood's hot new trend: Parents who say they're sorry" Vox, April 25, 2022
https://www.vox.com/culture/23025832/everything-everywhere-all-at-once-parental-apology-fantasy-turning-red-oscars

*6 Kevin L. Lee, "Learning to be Asian American and how 'Everything Everywhere All At Once' gave me everything I ever needed" AWARDSWATCH, November 18, 2022
https://awardswatch.com/learning-to-be-asian-american-and-how-everything-everywhere-all-at-once-gave-me-everything-i-ever-needed/

*7 Daniel Kwan（@dunkwun）'s Tweet. April 9, 2022
https://twitter.com/dunkwun/status/1512496779098423296

SNS

さよなら「インフルエンサー」消費

今アメリカのZ世代を中心に、TikTokを主なプラットフォームとした「deinfluencing（反インフルエンス）」の革命が起きている。#deinfluencingというハッシュタグがついた動画は370万再生を超え、今やTikTokでの定番の人気コンテンツとなりつつある。若者たちが家に閉じこもらざるを得なかったコロナのロックダウン期を経て、TikTokにおけるインフルエンサー市場は爆発的に伸びた。フォロワー数は小規模であっても高いエンゲージメントがあれば、ニッチなコンテンツを投稿するマイクロインフルエンサーも「影響力」を持つ競合時代において、インフルエンサーたちは常に変化する（主にZ世代の）オーディエンスが置かれている社会的・経済的状況をすぐに感知し、信頼を得ることでファンベースを保たなければならない。インフルエンサー市場全体は、2022年に164億ドルに達した。[*1] 今や、親しみや共感を感じられて、「信頼できる」インフルエンサーはハリウッドのセレブよりも強い影響力を持っている。

インフルエンサーたちはTikTokから直接振り込まれる広告収入以外に、スポンサーからの商品提供やブランド契約が主な収入源であるため、とにかくフォロワーを増やし、たくさんの商品を買わせる必要がある。未来に対する希望を持てなかったロックダウンの時期を通して「感情のありかを失った」Z世代たちは、TikTokのインフルエンサーたちに日々「モノを買えば人生が変わる」と叩き込まれた結果、「何か感じるためにモノを買う」習慣が身についてしまった。そのうち、その「一時的なアドレナリンとドーパミンを求めてショッピングにハマる」現象が「TikTokでバズった商品はみんなが買う」という莫大なヒットが生まれる市場の形成へと繋がり、「TikTok made me buy it（TikTokに影響されて買わされた）」というフレーズが日常的に使われるようになるほど、TikTokでの「バズ」に、商品やブランドの成功の全てがかかるようになった。

ネットショッピング時代の申し子

インフルエンサーはそれぞれ特徴的なユーモアのセンスがあったり、ファッションセンスが独特であったりと、個性がある。「Get ready with me」「A day in the life」などのルーティン系動画では特に顕著だが、彼らは独自にキュレートした「完璧に見える」理想的な世界観を作り上げ、視聴者の「憧れ」の的となることで、スポンサーから商品を提供してもらったり、広告収入を得たりしている。このような動画に映されている「完璧な生活」と、それとは程遠い自分のリアルな生活を比較することによって「何か欠けている」と感じてしまう視聴者が、その欠乏感を一時的に満たすために動画で紹介されている商品を購入する、というサイクルができている。「憧れ」の裏に潜む罪悪感や劣等感を掻き立てることで「モノを買わせる」手法こそが、インフルエンサーマーケティングであると言っても過言ではない。

TikTokで一定時間動画を見ていれば分かることだが、どのコンテンツクリエイターの動画にも同じようなスキンケア、メイク、ヘアケア、アスレチックウェア等のブランドが登場する。'80〜'00年代のショッピングモール文化がオンラインショッピングの台頭で衰退し、さらにパンデミックによるロックダウンで実店舗を訪れることさえ不可能になった時期を経て、全てのショッピングをインターネットで済ませるのはもはや当たり前のこと。SNSの世界が現実世界と同じくらい「リアル」であるZ世代にとって、TikTokで頻繁に出てくる商品は「持たなければならない」必須アイテムなのだ。さらに、インフルエンサーによっては「魔法のような商品」「これを使えば人生が変わる」などと誇張した表現で謳うことで視聴者の購買意欲を掻き立てる人も多い。インフルエンサーは視聴者にとっての「面倒見の良い友達」のような立ち位置を確立することで、「影響力」を保ってきた。Amazon等とアフィリエイト提携をして、仮に本当は必要じゃなかったとしても、「絶対必要！」と思わせてモノをどんどん売りつけることがまさに彼らの仕事だ。例えばスキンケア用品専用の冷蔵庫や、キッチンまわりの「便利グッズ」など。インフルエンサーの動画を見ると、アクティブ系のライフスタイルをキュレートしている人はクローゼットに大量のカラフルなアクティブウェアが入っており、毎日全く新しいルックで仕事をこなしたり、ジムに行く様子を撮影する。しかし実際にはLululemonの高価なアクティブウェアは1枚あれば十分で、15着も色違いで買う必要はない。TikTokで「大バズ」したLaneigeのリップマスクは、どのインフルエンサーのスキンケアルーティン動画にも登場したが、ワセリンで代替しても効果は一緒だ。

実際にはその商品に大した効果がなかったとしても、視聴者は自分の理想の生活に近づきたい、という気持ちを原動力に購入・消費を続ける。TikTokでは毎日のように新たなトレンドが生まれ、そのサイクルは加速するばかりだ。このようなステルスマーケティングに塗れたライフスタイル系コンテンツに日々晒されているZ世代は、「モノを売られている」という感覚も薄れ、どんどん新しい商品を買う習慣が身についてしまっている。

大量の服やメイク用品等を購入し、パッケージを一つずつ開けて試着したり使用したりして視聴者に見せるという「haul（購入時の体験談や購入した商品の価格などを詳細に説明する動画）」がいまだに強い人気を誇っていると前著『世界と私のA to Z』で紹介したが、日替わりペースでトレンドが変わりゆく過酷なプラットフォーム上において、どんどん刺激の強いコンテンツを生産しなければならないというプレッシャーがインフルエンサーたちに課されているということもこのようなトレンドが生まれてしまう一つの原因だ。

この過剰な消費のサイクルに、Z世代は疲れている。彼らの目には、この「モノをもっと買え」という資本主義の呪縛に抗い、「私は今から〝買わなくていいもの〟を紹介して、あなたをdeinfluenceします」と、商品を辛辣に批評し、過剰消費（overconsumption）を批判するインフルエンサーたちの動画が、非常に新鮮に映ったのだ。Z世代はTikTokでバズった商品を買いまくっていたが、「それいらないから」と美容系インフルエンサーが正反対の方向にインフルエンスするという、新たな「信頼関係」のサイクルが生まれている。インフルエンサーたちが無料で商品をもらったり、宣伝することで収入を得ていることを自ら公表するなど、「人から影響を受けてたくさんモノを買っても、消費しきれないし無駄になるだけ」であると「種明かし」を動画内でする。このdeinfluenceトレンドのメインストリーム化によって、「このトレンドのおかげでたくさんお金を節約できる」

というコメントが多数つくなど、プラットフォーム全体のムードのシフトが起きている。deinfluencing動画で、インフルエンサーでなくとも、一般人が「TikTokでバズったから買ったけど試してみたら良くなかったから、これを見た人は絶対に買わないでくれ」と懇願する系の動画（「絶対買って！」と言う従来のインフルエンサーとは正反対の行動）も増えた。お金に比較的余裕があって影響されやすいジレニアル世代、ミレニアル世代による、リアルな懺悔の声であるとも受け取れる。さらに、「絶対に買ってほしくない、バズってるけど実際は酷い商品」「なんかバズってたし自分も影響されて買ってしまったから言いづらかったけど実は良くない商品」を紹介する動画も多く投稿されるようになった。さらに、インフルエンサー商売の定番商品、「サプリ」や「グリーンパウダー」なども、ホルモンバランスや腸内環境を整えると謳っているが、実際には効果が立証されていないものも多いし、本当に何か健康上の異常を感じているのであれば、専門家である皮膚科や内科医に見てもらった方がいい、と力説する〝デインフルエンサー〟もいる。

このdeinfluenceのムーブメントは、視聴者のコンテンツクリエイターに対する期待値が高まっていること、そして彼らのコンテンツを批判的に見られるようになった証だとも考えられる。「嘘」に基づいたステマを見抜き、商品のレビューを遠慮なく正直に発信できるユーザーが増えるにつれて、ブランドも「より真摯で信憑性のある情報の発信」を心がける必要に迫られている。さらに、環境問題に対する関心が高いZ世代の間で、パンデミック中は暇を持て余して、ロックダウンの解禁後は外出やパーティーができることが嬉しくて、たくさん服や化粧品を買ったけれど、改めて自分の家にある大量のモノと向き合って、過剰な消費行動は環境問題に深刻な悪影響を与えてしまうのではないか、と我に返る人が増えている。従来型の、大量にモノを買って紹介するインフルエンサーは、このようにコンシャスな視聴者の目には陳腐で非常識に映ってしまう。インフルエンサーにとって、この状況を打破するためにも、新たな観点から視聴者の信頼を得る必要があるという、転機が訪れているのだ。

過度な消費文化への違和感

汚染された海や、山のように蓄積したゴミなど、衝撃的な写真や動画がリアルタイムでSNSで流れてくることによって、Z世代は自分たちの行動がいかにして「リアルに」環境汚染に繋がっているのか、直視せざるを得ない。例えばファストファッションの「たくさん買って一回だけ着て、すぐに捨てる」ことの問題は常に議論されてきたが、今までは「古着屋やチャリティ団体に寄付すれば、必要としているホームレス状態の人や発展途上国の人々に届けられるはず」という考えもあった。しかしその弊害として、寄付されたものの、質の悪い服の使い道がなく、発展途上国でもゴミになり、溜めるか燃やすかの選択しか残されないという事実がイメージとして共有されたことによって、このままの消費スピードでは地球が危ない、という、強いインパクトをもたらした。

２０２０年のプリンストン大学の報告書によれば、工場の操業や製品の洗浄に使用する水のうち、アパレル産業がその10分の1を占め、廃棄される衣服のうち、57％が埋立地へ向かうという。Nature Reviews Earth & Environmentに掲載された研究では、アパレル産業は毎年９２００万トンの廃棄物と79兆リットルもの水を消費していることが分かっている。*2

このような深刻な状況を受け止めて、アメリカ社会全体に蔓延《はびこ》る過度な消費文化といったん向き合おう、と警告するクリエイターも台頭している。「全く同じような色のリップを20本、チークを10色持つ必要はない。化粧品には使用期限があるし、過剰な消費は環境に悪いだけではなく、あなたの財布にとっても不健康。今あるものを使い切って、トレンドに左右されないように心がけよう」。消費文化が根付いたアメリカでは消費を減らすように、節約を促すこと自体が画期的なのだ。Z世代がお金の使い方に対して意識的になりつつある、ということも影響している。Z世代の中でも最も年上の層は仕事を始めてから数年が経ち、さらにインフレや不景気も相まって、YOLO（You only live once＝刹那）的な消費から、持続可能なライフスタイルを意識し始めているのだ。

TikTokでも、トレンドの服を買うことにもっと注意深くなった方がいい、と力説するファッション系のインフルエンサーが増えた。SNSやTikTokにおけるトレンドのサイクルが速すぎると指摘した上で、例えば今流行のY2Kトレンドなどのマイクロトレンドは、流行として「クール」とみなされるのは長くても数ヵ月。10年前はスキニージーンズが大流行だったが、今はバギージーンズが流行っている。「今季のトレンド」のものを購入し、二度と着ないのは、環境にとっても財布にとっても持続可能ではなく、自分のスタイルを確立した方が長期的に見て良い。

一方で、一見deinfluencingに見せかけながら、実際は消費を促すような投稿も出始めている。たとえば、持っていない人はいないのではないかと錯覚してしまうほど、どのインフルエンサーも動画で使って見せているダイソンのエアラップ。最近バズったTikTokの動画では、「ダイソンのエアラップに600ドルも使う必要はない、Amazonであればホットカーラーが30ドルで買える」と、別の安い商品が「代替品」として紹介されていた。このように、“buy this not that”と言った「導き」も#deinfluencingの一環のように広まっているが、これは冷静に見れば、deinfluencingの皮をかぶった、単なる

influencingではないか？　という批判も生まれている。

deinfluencing動画をシリーズで投稿し、話題を集めたカナダのZ世代、Michelle Skidelskyは自分がお金を使いすぎて後悔したものについて「なぜ必要ないか」具体的に力説する。自らが「Glossierカルト」にハマった経緯を語り、本当はいらないけれどずっと捨てられずにいた商品をカメラの前で捨てる。*3　ミレニアル世代、Z世代の間で爆発的な人気を獲得し、特徴的なミレニアルピンクカラーでアイコニックな存在となったことで「ブランディングの成功例」とたびたび話題に上がる有名なメイク・スキンケアブランドのGlossierだが、商品を「数量限定」で販売することで希少価値を擬似的に生み出し、「品切れになったらどうしよう」という焦燥感を煽るマーケティング手法を取っている。また、「ブランド」と「ライフスタイル」が直結されていて、化粧品やスキンケアに限らず、水筒やネックレス、スウェットシャツなどの「限定商品」もブランディングの一環として展開されているため、「Glossierカルト」にハマっている人にとっては全てが魅力的で、買い揃えなければいけないと思い込まされてしまう。そしてブランドロゴの入ったグッズを持ち歩いたり身につけたりすれば、それだけで広告塔代わりになるのだ。

「コレクター精神」につけ込むブランドはGlossierに限らず、その他LululemonやボディスクラブブランドのTree Hutなど数多く存在するが、結局はそのブランドとその商品を「購入」することを通して、何らかの「コミュニティ」に属している感覚になれたり、何らかのアイデンティティを形成しているように感じられること、そして商品を買い集める行為自体が「達成感」「満足感」に繋がることが消費行動を加速させている。そのように「買う必要はないけど、無闇に欲しくなる」気持ちとインフルエンサーがdeinfluencingトレンドを通して向き合い、懺悔をするような動画を投稿することで、消費者側も加速する消費社会・資本主義社会に疑念を抱くようになっている。

プラットフォーム自体を変える力

deinfluenceトレンドは、TikTokというプラットフォーム自体を変えるほどの影響力を持つムーブメントだと一時期話題になった。では、実際に反資本主義、脱成長、脱消費に繋がり得るトレンドなのだろうか？　Dazedでは、このように書かれている。「ネット上ではよくあることだが、我々の集団的な消費行動に対するユーザー主導の誠実な介入として始まったものが、インフルエンサーによってさらに多くの商品を売り込むために利用されるようになっている。deinfluencing動画は、インフルエンサーが気に入らない商品を非難し、フォロワーを他の商品や似たような商品に誘導するバイラル動画に変容している。要するに、アプリ上のほとんどの「デインフルエンサー」は、本当はデインフルエンサーを装ったインフルエンサーなのだ。［……］もし、本物のデインフルエンスの波が起きるとしたら、どのようなものだろうか？　個人的には、モノを売るために作られたアプリで反消費主義の革命が起こるとは思えない。インフルエンサーの存在もさることながら、ソーシャルメディアのプラットフォームには、無限スクロール、動画の自動再生、アルゴリズムで設計されたおすすめへの誘導など、過剰消費を助長するような機能が備わっている。Instagram や TikTok は、ユーザーが無限にスクロールできる魅力的なコンテンツを絶え間なく提供し、TikTok を使っていなければ出会わなかったような無限の商品、サービス、ライフスタイルに触れられる。このような延々と続いていくプロダクト・プレイスメントによって、最新のトレンドを追いかけ、社会的なステータスを維持するために、本当はいらないもの、あるいは経済的に買う余裕のないものを人々は買わされている」。[*4]

「この商品は良くなかったけど、こっちの方が安いしおすすめ」と別の商品を売りつけるアクションを続けるインフルエンサーは、人気商品を批判することで一旦「意外性」から来る「信頼」を得てから、また新たに「インフルエンス」する。社会的状況に配慮しつつも、新たなマーケティング手法になってしまっていることは間違いない。ここに関わってくるのが、TikTokを中心に爆発的に話題になっている「Dupe」の文化だ（#dupeは46億回以上再生されている）。「dupe」とはduplicate（複製品）の略で、要はコピー商品、またはフェイクのこと。「dupe」については後出で詳しく触れる。

消費文化に踊らされ、ショッピングに楽しみを見出し、モノを所有することにステータスを感じている一方で、Z世代は不安と焦燥感を抱えている。現在の米国のインフレ率は、2023年2月までの12ヵ月間で6％も上昇した。何を買うにも、容量は減っているのに値段は上がっていて、家賃も高騰して、でも賃金は上がらないまま。「コーヒーを1杯買う時、10ドルを下回れば得した気分になる」というジョークの動画が投稿されているほど、とにかく生活するだけでお金がかかるのだ。[*5]

さらに、アメリカのZ世代は上の世代であるミレニアル世代に続き、借金の問題に直面している。コロナウィルスのパンデミックが始まった2020年あたりから、「Buy Now, Pay Later（BNPL、後払い決済）」を手軽に利用できるスタートアップのサービスが急増した。今やどの大手オンラインサイトの購入画面でも、大抵は「BNPL」の選択肢が提示される。クレジットカード文化のアメリカにおいて、このような後払いをまだ収支の感覚がしっかり分かっていない若者が手軽に利用できるようになってしまうことで、気軽に買い物の回数を増やし、さらに借金を抱えてしまいかねない。投票サイトPiplsayの調査によると、Z世代のユーザーの43％が、少なくとも1回は支払いを滞納したことがある。また、2021年7月には、消費者金融保護局が消費者への警告として、Credit Karmaの調査を引用し、アメリカ人の42％がBNPLサービスを少なくとも一度は利用したことがあり、38％が支払いを滞納したことがあり、その支払い滞納者のうち73％がクレジットスコアを低下させたとした。*6

前述したように、Z世代の中でも、すでに仕事を始めて何年か経った人もいる。ちょうど大学卒業時にパンデミックに直面した彼らは、いわば何年間か「モラトリアム」を経験していた。しかし社会が日常を取り戻したように感じられるようになった今、学生ローンやその他の借金と真剣に向き合う必要に迫られている。あるだけお金を使ってしまっていた過剰な消費行動を改め、節約やサイドビジネスを通した資金の増加などを、Z世代は模索し始めている。

冷静になってみれば、同じような商品をいくつも買ったり、「トレンド」であるからといってすぐに商品を買う必要はない。買ったものを使い切るまで、大切に扱うことが当たり前であっていいのに、過剰な消費行動に慣れてしまったZ世代の中には、その異常さに気づけなくなってしまった人も少なくない（現に自分がそうだ）。この状況がおかしいということを、そして今あるもので、今送っている生活で十分であるという事実を、「モノを買え」と説得してくる同じプラットフォーム上で誰かがリマインドしてくれるということは、大きな考え方のシフトをもたらす可能性を持つ。本当に必要なのか？　すでに持っている化粧品で工夫できないか、すでに持っている服をスタイリングし直すことで新たなルックを作れないか。必要だと思い込まされたり、ワクワクするからという単純な理由で買い物がやめられなくなって、借金を背負ったり、モノを増やして挙げ句は環境問題にも直結する消費を少しずつでも止めるために。

しかし同時に、資本主義が組み込まれたTikTokをはじめとしたSNSで完全なマインドセットのシフトを実現させるのは、現時点では不可能だ。deinfluencingの持つ影響力には限度があるものの、それでも今までの「買え」と消費ばかりを促すインフルエンスのあり方とは根本的に異なる。我々が実際にどれほど物質的に豊かであるのか、そして今の自分たちのままでも「十分である」のか、欠損や不完全さばかりを突きつけてきたインフルエンシングのあり方、そしてそれに付随する我々の消費行動がいかに有毒で持続可能でないかを、浮き彫りにしたという功績は大きい。

＊1 Werner Geyser, “The State of Influencer Marketing 2023: Benchmark Report” Influencer Marketing Hub, February 7, 2023
https://influencermarketinghub.com/influencer-marketing-benchmark-report

＊2 Arianna Johnson, “Rise Of The Deinfluencer: Growing Social-Media Movement Challenges Influencers And Consumerism” Forbes, March 8, 2023
https://www.forbes.com/sites/ariannajohnson/2023/03/08/rise-of-the-deinfluencer-growing-social-media-movement-challenges-influencers-and-consumerism/?sh=7b0533324a44

＊3 Michelle Skidelsky (@michelleskidelsky)’s TikTok.
https://www.tiktok.com/@michelleskidelsky/video/7196785281385712901

＊4 Diyora Shadijanova, “The rise of the deinfluencer: Is TikTok’s new ‘deinfluencing’ trend genuinely an antidote to our culture of overconsumption, or is it just a symptom of our economically turbulent times?” DAZED, February 7, 2023.
https://www.dazeddigital.com/life-culture/article/58129/1/the-rise-of-the-deinfluencer-tiktok-recession-overconsumption

＊5 “Consumer Price Index Summary” U.S. BUREAU OF LABOR STATISTICS, August 10, 2023
https://www.bls.gov/news.release/cpi.nr0.htm

＊6 Annie Rauwerda, “Gen Z is falling into debt thanks to ‘buy now, pay later’ startups” INPUT, May 6, 2022
https://www.inverse.com/input/culture/afterpay-services-klarna-gen-z-debt

BOOK

つながりが広げる読書

いまアメリカでは、Z世代の間で「BookTok」の革命が起きている。「若者は本を読まない」という言説が流布する中、TikTok上で様々な本を紹介したり、レビューをするコミュニティ、いわゆるBookTokが最も熱いコンテンツとなっているのだ。#BookTokというハッシュタグを含む動画は１７４０億回再生を超え（２０２３年9月時点）、今や出版業界、書店業界までをも変える現象となっている。BookTokの影響で若者の間で大幅に読書が普及し、本の販売促進にもつながった。書店に若者が戻ったとして、BookTokでバズっている本を入荷したり、販売の目安にしている関係者も多い。同時に、フォロワーやエンゲージメントを稼ぐことが目的になりやすいSNS上で起きているムーブメントであるため、本のクオリティや若者の読書リテラシーの低下、ひいてはそれが出版業界全

体、そして若い読者たちに大きな悪影響を与えかねないという批判も起きている。

TikTokがここまで栄える前は、YouTube上で本を紹介する「BookTube」が人気だった。綺麗に撮影した表紙とともに本をレビューして、本好きと繋がるInstagram上の「Bookstagram」は今でも流通している。つまり、SNS上での本を中心にしたコミュニティという意味では、BookTokは決して新しくない。しかし、BookTokがここまで影響力を持ち、注目を集めているのには、TikTok特有のアルゴリズム、そして本を「消費」する文化の変化が理由として挙げられる。ユーザーが普段どのようなコンテンツを見ているかに関するデータを収集し、ユーザーの好みにピンポイントで合うような動画を流すことに特化したTikTokは、非常に内輪的な「コミュニティ」を生み出しやすい。BookTokに関連するコンテンツにエンゲージした人のFor Youページ（いわゆるタイムライン）には、BookTokに関連する動画がその後も流れてくるし、自主的に特定のジャンルをフォローしようとしなくても、ユーザーに提供され続ける。そのような密接なコミュニティが形成されやすいプラットフォームにおいては、「トレンド」が広がるスピードも速い。さらに、TikTokはYouTubeと異なり、約2分以下の動画の中で視聴者にインパクトを残すことが求められる。この結果、短時間の動画を見るだけで視聴者も「読書してみよう」と、説得されやすい。

また、Z世代が形成したTikTok上での文化として、いかに「リアル」であるかが重要であるということは本書においてたびたび強調してきた。BookTokでのインフルエンススタイルも同様で、BookTubeでかつて盛んだった出版社や作家からの献本に応じた「宣伝」や「プロモーション」よりも、「リアルなおすすめ」を紹介してくれるTikTokerが支持を集めやすく、ニッチなジャンルに特化したり、ユーモラスな対話スタイルを確立している方が人気を得やすい。

さらに、BookTubeのように「人気YouTuberの紹介」によって本のタイトルが売れるケースとは異なり、BookTokでは一般人が「発信者」になることによって、つまりより民主的な方法で、コミュニティ全体で爆発的に話題になる。よって、一過性の成功に終わる傾向があったBookTubeと比べると、遊び心があって話題性が持続しやすいTikTokの方が、長期的なバイラルヒットを生みやすい。権威のある、歳を取ったレビュアーが決めた「良い本」よりも、自分と同じような人が薦める本の方が信用できるし、興味が持てる。いわゆるTikTokインフルエンサー効果が大いに発揮されているのだ。また、多くのユーザーにとって、同じ興味や趣味を持つ友人を見つける場としても、BookTokは重要な社会的機能を果たしている。さらに、ユーザーの大半は女性で、かつては真剣に相手にされなかった「若い女性」というマーケットが、影響力を持つようになった意義も大きい。

アナログとデジタルの魅力が融合

BookTokというコミュニティの概念が生まれたのは2020年。比較的新しい現象であるにもかかわらず、BookTokはアメリカの出版業界に多大な影響を与えている。あまりの人気ぶりに、2022年にはTikTokが公式の「TikTok Book Club」を立ち上げたほどだ。コロナによるロックダウンで時間を持て余した若者たちが、(矛盾していると感じられるかもしれないが)オンラインでの情報摂取から離れ、よりアナログな「本」という媒体に注目し始めた時期と、TikTokで多くの若者たちが「心理的にセーフスペースであると感じられるコミュニティ」を形成し出したタイミングが重なったのだ。

読書という行為はアナログだが、BookTokはおすすめや感想、セール情報の共有や、作家のスタイルやストーリー展開等のディスカッションの場にもなっており、デジタルとの融合が密接に起きている。また、装丁に合わせたコンテンツを撮影したりと、「映え」も大事な要素だ。

BookTokの最近の傾向としては、紹介される書籍の多様化や、自費出版(セルフパブリッシング)の作家の台頭が挙げられる。かつての出版業界は、構造的に多くの人を「疎外」してきたことが長年問題視されていた。出版社や編集者、エージェントとのコネクションや執筆だけに専念できるような環境を持たない人たちは、旧来的な出版業界ではやっていくことができなかった。しかし、今では誰でもAmazon等のオンラインプラットフォームで本を出版することができるし、TikTokをはじめとしたSNSでの「バズ」によって一攫千金を狙うことさえ可能なのだ。このように、出版業界全体が民主化された結果、有色人種や女性作家など、かつてはチャンスをほとんど与えられてこなかった人々も、自分で本を書き、自分でファンベースを築くことができる。多様なバックグラウンドを持つ人が作家になれる機会を得たことによって、キャラクターやストーリーの多様化、つまりは文学における表現の多様化が進んでいるのだ。

そのわかりやすい例として、女性作家の支援とエンパワメントがBookTok上では盛んだ。地位と名誉だけは高い男性作家による奇妙な女性の描写が笑えるものとして批判されたり、マイナーな女性作家や海外の作家もオルタナティブとして取り上げられる。「買い物は投票」と考える、Z世代的な思考とつながっている。

例えば「読書好き」の集まるBookstagramやBookTokでは、「1月は日本人作家の本を読もう」という#japanuaryなるトレンドが起きている。このハッシュタグでは主に女性作家が紹介されており、かつての「日本文学といえば村上春樹」というイメージとは異なる新しさを感じさせるトレンドだ。「村上春樹の女性描写に対して批判的な人向けの、日本人フェミニストによるフィクション作品」を紹介するBookTokでは、村田沙耶香、川上未映子、松田青子、柳美里などの作品が取り上げられている。今まで十分注目を集めてきた、特権階級にいる男性の作家ではなく、抑圧されてきた女性たちの声を聞こう、という読者のスタンスがはっきりと見える。宇佐見りん、吉本ばななあたりも人気で、特徴的なのは、日本語版とはかなり印象の違うカラフルでポップな装丁だ。「日本文学＝極東の変わった文学」というイメージは、かなり変わってきていることがわかる。川口俊和による、過去に戻ることができる喫茶店が舞台のシリーズ『コーヒーが冷めないうちに』も日本人作家の作品の中ではBookTokでトップの人気を誇っている。ただし、日本で人気の小説が必ずしも英語圏のBookTokでもヒットするわけではなく、そして逆も然りである。

「ネットに残された最後の健康的なコミュニティ」[*1]と言われているBookTokは、YouTubeやブログと比べてトレンドの循環スピードとインフルエンス力が段違いだ。TikTokでバズるだけで突如ベストセラーになることもある。

この影響力を出版・PR業界が資本主義的に利用し始めている。今や、アメリカの書店の多くには「BookTokで注目の本」を集めたコーナーが設置されている。本の売れ行きが長年低迷していた書店は当然このBookTokブームに乗るし、「BookTokでのバズ」を狙う出版社も増えている。BookTokでの話題性によって無名だった作家の作品がベストセラーになるなど、今や最大の効力を持つプロモーションになっているのだ。２０２３年の２月には、父親の書いた本を紹介し、「14年間かけて書いて11年間ほとんど売れてないんだけど、ちょっとでも売れたらいいな」と投稿したユーザーの動画がバズり、Amazonのベストセラー１位となったことがニュースになった。ニューヨーク・タイムズの報道によると、２０２１年だけでも、BookTokは２０００万冊もの書籍の売上に貢献したという。*2

BookTok過熱の弊害

元々は読書好きの人々の誠実な興味や熱意によって本の情報がシェアされる場として機能していたBookTokであったが、最近はその多様性が失われ、どの動画を見ても「おすすめ」が同じような作家と本であることが問題視されている。

特に物議を醸しているのはColleen Hooverという作家だ。BookTok上で圧倒的な人気を誇る彼女のシリーズ本は、発売初日で80万部が売れるほど。書店では正面に並べられ、スーパーマーケットでも特別コーナーが設置されるなど、知名度を増している。Colleen Hoover の代表作『It Ends With Us』は250万冊の売上を突破し、社会現象になっている。その一方で、ネット上ではミームとなっているほど、「クオリティの低い、劣悪な本」と悪名高い。批判されているのは、「ロマンス小説」として宣伝されているものの、実際は恐ろしく虐待的な恋愛を描き、そのような性的・精神的暴力を伴う関係を美化している点だ。

Colleen Hoover の作品以外でも、BookTok ではダークロマンス小説ばかりが流行っているというステレオタイプが存在する。実際にはそのジャンルばかりが読まれているわけではないのに、BookTok 上の話題の大部分を占めているのだ。BookTok の主なユーザーは、大人の女性（ミレニアル世代）と若いティーン（Z世代）。特に若い女性にとって初めてのロマンス小説がこういうものだと、加害的で束縛的な「恋愛」が理想化されてしまい、自身の恋愛観にも悪影響を及ぼしかねないし、ＤＶや虐待が「ネタ」として消費されているのも社会的な問題だ。さらに、出版スピードが尋常ではないほど速い上に単純に文章の質が良くないこと、ストーリー展開が雑であることも批判されている。いわゆるエロ系ロマンス小説が異例のファンベースを持つようになってしまった、という現象が起きているのだ。

なぜロマンス小説がここまで人気のジャンルとなっているのか。様々な仮説が立てられるが、コロナで他者とのつながりを感じにくくなっている若者たちが、文学的なロマンスに惹かれているという可能性が一つ挙げられる。最近のZ世代はセックスに消極的だというステレオタイプを増強するような記事が多く書かれている中、「プライベートで楽しむ、女性目線のロマンス小説」の需要が高まっていることは、一見矛盾しているように感じられるかもしれない。しかし、普段なら「通俗的」なものとして見下されているロマンスものやティーン向けの作品なども「読んでいて楽しい」という理由でBookTokに取り上げられる。旧来的な出版業界の構造では見過ごされていた読者の「現象」が、観察できるようになっている。

さらに、BookTokは「Trope」に囚われすぎている、という批判もある。Tropeとは、「ありがちな展開」のこと。BookTokで人気のTropeは、例えばenemies to lovers（敵から恋人へ）がある。この「展開」が好きな人は、BookTokerがお薦めするenemies to loversの展開の本を片っ端から読む行動に出るのだ。偏った読書習慣や、二次創作（Fanfiction、つまり映画やドラマの二次創作で生まれるライトノベルなど）の消費は、果たして本当に「読書は絶対的に良いものだから」という理由で批判的に検討しなくて良いのか、常に議論の対象になっている。

加えて、「本を読む」というブランディング、つまり「読書好きである」ことがファッションになっていることも問題になっている。「今月は10冊読んだ」というインフルエンサーを見ると、自分は3冊しか読んでなくてダメだと落ち込んだり、いわゆるNetflixの「倍速視聴」のように、オチだけ読んで、ネタバレを知って読んだ気になったりする人も少なくない。さらに、どのような作家の本を読むのか、どれくらい本を「所有」しているのかなど、「見え方」がBookTokerたちの間で重要視されすぎているあまり、純粋に読書を楽しむことを忘れて、自己ブランディングの競争になってしまっているのだ。コンテンツに注目が集まるほどフォロワーが増え、フォロワーが増えるほど献本やPR依頼の本が届く。「本好きインフルエンサー」たちは、宣伝のためにいまや本来の目的を見失い、いわゆるaesthetic（魅力的な美的世界観）のもと、おしゃれな写真や「この本を読むのはこういうタイプの人」というブランドイメージを作り上げ、その本を読むことによって「理想の誰かになれる」「理想的なライフスタイルを得られる」ことを強調する。

本好きたちが集まる、信頼できるコミュニティだったBookTokは、資本主義的な動機やSNS特有の「エンゲージメント稼ぎ」によって居心地の悪い場所に変わりつつある、というのが現状だ。

変化の途上にある「読書」

「若者が本を読まなくなった」ことを大人たちは嘆くが、実際にはこのように本を中心にしたトレンドやムーブメントがSNS上で起きている。時代とともに、本の選び方、本の読み方、本の楽しみ方は変化する。特にデジタルの世界でこのようなアナログの趣味が広がるという、新しいクロスオーバーが起きることで、かつては変化のスピードが遅かった出版業界にも新たな風が吹いている。

一方、出版社など「利益」を求める人たちがBookTokに参入し始めたことで、純粋な趣味や楽しみの共有の場所だったものが、資本主義的な、いかにものが売れて、いかに売れているものが良いかという表層的な評価と宣伝の場所になりつつあるのも事実だ。さらに、かつては書店に行って好きな本を自分で探して選んでいたが、お薦めされた、「お墨付き」の作品だけを買って読むという習慣がついてしまい、まだ読んだことのないジャンルや、人気ではないけれど気になっている作品に「冒険」する読者が少なくなったともいわれている。1冊の本をゆっくりと読んで、個人的に楽しむことよりも、競争のようにいかにたくさんの「話題の本」を読んだかをシェアして自慢することが一般化してしまっているのだ。

特定のジャンルだけを「自己ブランディング」のために読んだり、ＳＮＳによって「常につながっている状態」だからこそ、読書というプライベートだったはずの行動も「他者からどう見られるか」が原動力になってしまっていることも否めない。

同時に、BookTokの投稿やコミュニティをきっかけに、子供の頃以降失われてしまった読書への愛を復活させたり、読書を習慣づけるきっかけになったという人も多くいる。今後の出版業界も、多様で流動的なZ世代の多面的な消費行動や、常に渦巻いている社会的な議論に注目しつつ、この新しい潮流に適応していくために様々な変化を起こすだろう。

＊1　Kimi Chaddah, “BookTok is the ‘last wholesome place’ on the internet. Can it stay that way?” Mashable SE Asia, April 5, 2022
https://sea.mashable.com/life/19948/booktok-is-the-last-wholesome-place-on-the-internet-can-it-stay-that-way

＊2　Elizabeth A. Harris, “How TikTok Became a Best-Seller Machine” The New York Times, July 1, 2022
https://www.nytimes.com/2022/07/01/books/tiktok-books-booktok.html

MONEY

ブランド価値より「今」の価値

いまアメリカでは、Z世代の間で「Dupe」の革命が起きている。dupeとはduplicateを略したスラングで、「正規品に似せている低価格商品」である。Counterfeit（模倣品）とは意味合いは異なり、化粧品であれば発色が似ているもの、電化製品であれば機能が似ているもの、服であればデザインが似ているものを指す。[*1] dupeという語が安価な代替品という意味で一般的に使われるようになったのは、2008年の不況の頃だと言われている。一昔前は「ホンモノ」ではないものを買うことに躊躇や羞恥心があったかもしれないが、大手インフルエンサーや一般人がことごとくdupeを買って紹介したり、dupeを見つけたことをポジティブにひけらかすところを見ると、もはやそれは「悪いこと、恥ずかしいこと」ではなく、むしろ「ストリートスマート」であると受け止められるのは当然の

ことだろう。TikTok上での「コンセプト」のトレンドは、前述した「deinfluencing」トレンドのように過熱しやすく、ただし移り変わりの激しいファッショントレンドなどとは異なり、形は変われど長く続くことが特徴でもある。

New York Magazine の一部である The Cut では、「Peak Dupe」という連載シリーズを2023年の5月から組んでいるほど[*2]、dupe は今、注目されている話題だ。副題は「A series about the end of authenticity as we know it（我々が知るホンモノの終わりについてのシリーズ）」。この dupe 文化が大々的に受け入れられている理由には、Z世代をはじめとする若者たちの経済状況、そしてインフルエンサービジネスのあり方などが挙げられる。Z世代は環境問題に対して意識が高いとよく言われるが、同時にどんどん加速する消費社会で生きていることも事実だ。家賃や物価、生活費は高騰しつづける一方、収益を優先する資本主義下で商品のクオリティはどんどん下がっていく。しかし、日本に根付いているような「節約文化」は、アメリカではほとんど存在しない。いかに多くのモノを買い、消費するかがアメリカ文化の中心である以上、「モノを買わない」という選択よりも、「いかにスマートにモノを買えるか」の方が文化的に馴染みやすいのだ。

欲しいモノを誰もが買えるモノに

かつてのいわゆるフェイク商品は、ただロゴや見た目をブランド商品に似せているだけだったが、最近支持されるdupe商品は、明らかすぎる「ニセモノ感」を感じさせないのが特徴だ。つまり、トレンドに大切なのはブランドのロゴそれ自体ではなく、デザインや雰囲気、そして「高見え」するかどうかである。例えばボッテガ・ヴェネタの革の網目のデザイン、シャーロット・ティルブリーのリップの色味など、総合的な「雰囲気」の類似性が重視される。「ロゴマニア」と呼ばれた、ブランドのロゴが入った商品のトレンドから一転、「分かる人には分かる」、いわゆるシグネチャー的なデザインをあしらったブランド品が支持されている今、ロゴやデザインそのものを丸パクリした、いわゆる違法性の高いフェイクは「戦利品」として自慢できないのだ。

さらに、その商品が長持ちするかどうかは重要ではなく、ファストファッションの普及やハイブランドのクオリティの低下により、Z世代の間では「質が良いとはどういうことか」がそもそも理解されていない。だからとりあえず生地がしっかりしていそうとか、ほつれていないとか、その程度のことで「ちゃんとしている」と判断される。フェスの衣装として、あるいはSNSにアップするために一度使ってしまえば、その服やバッグにはそれ以上の役目はないのだ。SHEINなどの超ファストファッションブランドがハイブランドや個人デザイナーのデザインスタイルをすぐに真似て、激安価格でdupe商品を提供し始めたことも、「誰もが平等にデザイン性の高いアイテムを買える」状況を作り出した。その結果、消費者は欲しいモノを低価格で買う「権利」を主張し、例えば個人でバッグをデザインして制作しているアーティストのTikTok動画に対して、「高すぎる、値下げしろ」などとコメントできてしまうのだ。

日本でも、「ドラコス」vs.「デパコス」、「プチプラコスメ」などのワードが一般的に用いられている。デパートで購入するような高級ブランドの化粧品をドラッグストアやプチプラ（安い値段）の発色や効果が似ている商品で代替するという概念だが、これが最もアメリカのZ世代の「dupe」文化に近いと感じる。ホンモノと全く同じ見た目や性能ではないけれど、ある程度の類似性は見込めるし、経済的な打撃を受けずにより多くの商品を買えるというのも大きなメリットだ。

かつては比較したり張り合ったりする相手が地域的・空間的に限られていたが、今ではSNSにより、一般人に見えるインフルエンサーからカーダシアン家のような超セレブまで、目指すべき基準がわからなくなってしまっている。トレンドも年単位から週替わりで変化するようになり、「一生モノ」とされていたブランド品も、インフルエンサーたちがギフティングや謎の手段で次々と入手し始めるようになって、同じものをずっと持っているのは普通ではないと感じられるようになった。高級品の「ホンモノ」をたった一つ買うよりも、「見た目はほぼ一緒だけど圧倒的に安い」dupe 商品をたくさん買った方が合理的なのだ。

dupe 文化の流行の根本にあるのは、お金がないこと、いかに得をするかを考えることが「恥」ではない、という価値観だ。インフレによって物価が高くなりすぎているにもかかわらず、賃金が上がらないこと、そして社会全体で資本主義が加速して消費者がカモにされていることなど、全てに自覚的になった上で「皮肉」として dupe を紹介したり購入しているのだ。お金がないのはみんな一緒だし、一部の金持ちだけが「ホンモノ」にお金を使えばいい。市場に dupe 商品が出回っている以上、わざわざ高いお金を払って「ホンモノ」を買う方が、むしろ損であるという考えさえ透けて見える。ブランドや企業、ないしは社会システム全体に搾取されていると感じる消費者は、「dupe 商品を買うのは大企業や有名ブランドに申し訳ない」という気持ちもない。社会の中で富を独占しているそのような組織に対して、dupe を買うことは一つの抵抗なのかもしれない。

一方で、大手ブランドにとっては大きな痛手ではないかもしれないが、個人経営のブランドやデザイナーも常にSHEIN等のファストファッションブランドにデザインをパクられている。権力に抵抗するためにdupeを購入していたつもりでも、実際には個人を搾取することにつながりかねない。さらに、ハイブランド商品ではなく、そもそもがファストファッションであるZARAの「dupe」としてSHEINの商品を紹介する動画やアカウントも人気だ。

"dupe"ブームの一般化

自分たちの生活の質は向上しないし、高級ブランドの正規品を買ったとしても、数十年前のものと比べると値段は上がっているにもかかわらず、質の低下は明らかだ。例えば、Twitterでメンズウエアに関する知識人として知られるデレク・ガイ氏は、Brooks Brothersのブランドとしての失敗についてスレッドを書いているが、[*3]大量生産によって利益を創出することを求められる資本主義社会において、ブランドとしてのクリエイティビティやクオリティが後回しになっているという。さらに、TikTokで人気の革職人イルマズ氏は、高級デザイナーバッグや財布を購入してバラバラに解体し、革素材自体の値段や人件費にかかる値段を算出。17万円もする新品のシャネルの財布を切り刻むと、原価コストは約1万８０００円だろうと予想した。触り心地もチープでまるでプラスチックのようだと言い、顧客が払っている「差額」はブランド価値であることを説明。[*4] 商品の値段が高いからといって、特別に高価で質の良い素材を使っているとは限らないのだ。それでは、正規品を買う意味が感じられなくなるし、ほぼ同じような機能・見た目のdupe商品を買った方が、「システムに打ち勝った」感覚になれる。

TikTokでは、ハッシュタグ「#dupe」が46億回再生（２０２３年6月時点）を超え、TikTokerたちがブランド品とそれに似たdupe商品を比較して「このdupe凄くない？」と視聴者に訴える。そのインフルエンサーたちはdupe商品のメーカーからスポンサーシップを得ていたり、売上に応じて数％の紹介料が入るような仕組みになっており、インフルエンサーエコノミーこそがdupe商品の人気を加速させているとも言える。一部の金持ちしか買えないブランド品より、お金に余裕がなくても手が届くdupeを紹介した方がフォロワーも増えやすい。需要と供給の一致による作用でdupe文化はいっそう盛り上がっている。

最近では、正規品に似ている低価格商品という意味合いとは全く関係のない文脈にまで、「dupe」という言葉が使われている。「therapy dupe」と称して外を散歩したり猫を撫でるなど、要は「ホンモノのセラピーを受けるお金はないから、散歩やペットでストレス発散や癒しを代替して我慢」というような、皮肉のこもったジョークで用いられるほど、dupeという言葉は一般用語として定着しているのだ。

以前の世代と比較して、リアルでオープンであることを好む（見栄や虚勢を張るのはダサいと感じる）Z世代は、お得に買えたモノやお薦めを自分の損得に関係なくシェアする傾向にあるし、安く商品を買ったことを恥に思わない。ブランド品を買えるほどお金を持っていることを誰かに「すごい」と思われるよりも、自分が得したという気分になれる方がよほど重要なのだ。

このdupeブームに、ブランドも便乗している。本家Muglerの商品に見た目がそっくりなデザインの服をH&Mがコラボレーションで販売したり、Marniはユニクロとコラボコレクションを出している。このような施策は、普段はハイブランドを購入できない客層にもブランド価値を伝えられるので、長期的な目で見ればそのブランドの潜在顧客層の獲得につながりうるとも考えられる。また、人気アスレチックブランドのLululemonが、2023年5月に「コピー商品を持ち込んでくれたら本物と交換する」という「Dupe Swap」をロサンゼルスのセンチュリーシティモールで開催し、9万8000ドル分の商品を無料で配ったことも大いに話題になった。素晴らしい品質でありながら、高くてなかなか手が出ないというAlignレギンスを実際に客に穿いてもらうことで、dupe商品との質の違いを体感させる、という試みだ。Lululemonによると、スワップに来たおよそ1000人の50%は新規顧客で、その半数は30歳未満だったそうだ。Lululemonのチーフ・ブランド・オフィサーであるニッキー・ノイバーガーは「この企画の意図は、ユーザーに質の違いを実感してもらうことによって、Lululemonの優位性をアピールすることにある」と語っている。メディアに大々的な広告を掲載するよりも、さらに広い客層にリーチできただろうということだ。*5

「ホンモノ」に対して、Z世代はもう価値を感じない。たとえ感じていたとしても、もはや「ホンモノ」が実際にどのような質であるのか、「ニセモノ」と使い心地や見た目がどのように違うのかわからない人が大半だ。もちろん、ブランド品コレクターとして高級品を集めることを楽しむ若者はどの国にもいるが、ブランド品を持つことがステータスであると認識されている日本、ないしは東京と比較して、アメリカの状況は大きく異なると感じる。

「ホンモノ」思考がアメリカのZ世代の間で大幅に変化している現在、ブランド側にとってはより「意味」を感じさせるマーケティングであったり、「体験価値」を実感させることが鍵となってくる。将来はもちろん、直近の未来にさえも不安を感じているZ世代にとって、「長期的な投資」としての「ホンモノ」の購入はなかなか気が進まない。それよりも「お得に」人生を楽しみ、今、この瞬間の生活を充実させたい、そんな声が、dupe文化の皮肉な人気からは聞こえてくる。

＊1 Maura Judkis, "In Gen Z's world of 'dupes,' fake is fabulous —— until you try it on" The Washington Post, March 22, 2023
https://www.washingtonpost.com/lifestyle/2023/03/22/dupes-shopping-trend-gen-z/
＊2 The Cut "Peak Dupe" series
https://www.thecut.com/tags/peak-dupe/
＊3 derek guy (@dieworkwear)'s Twitter, February 1, 2023
https://twitter.com/dieworkwear/status/1620557943472263168?s=20
＊4 Gemma White, "The Turkish TikToker cutting up designer leather bags online: 'It feels like plastic'" The National News, December 19, 2022
https://www.thenationalnews.com/lifestyle/fashion/2022/12/19/the-turkish-tiktoker-cutting-up-designer-leather-bags-online-it-feels-like-plastic/
＊5 Katie Hicks, "Lululemon gave out $98k worth of leggings —— here's how and why" Marketing

Brew, May 25, 2023
https://www.marketingbrew.com/stories/2023/05/24/lululemon-gave-out-usd98k-worth-of-leggings-here-s-how-and-why

WORK

「仕事≠人生」的な働き方

ストライキ

２０２２年の11月、全米の教育業界を変える出来事が起きている。カリフォルニア大学のＵＣシステム（UCLA＝カリフォルニア大学ロサンゼルス校、UCSD＝カリフォルニア大学サンディエゴ校、UC Riverside＝カリフォルニア大学リバーサイド校など、カリフォルニア州内の10大学を総称した州立大学のグループ）に所属する、組合メンバーの98％がストライキに賛成。ＵＣに限らず、鉄道労働者やスターバックスの従業員、ニューヨーク州にあるニュースクール大学の非常勤講師たちなども続々と大規模なストライキや交渉を行い始めている。アメリカ中の労働者が、最低限の給与と十分ではない福利厚生のもと、超過労働を行わなければならない現場にうんざりしているのだ。アメリカ全土におい

て、今「変化」が必要な時が来ており、そのための行動を取らなければならないという緊迫感を、若者たちが強く抱いているのだ。

話をUCでのストライキに戻すと、"No COLA, no contract"というスローガンもUCのストライキに参加した学生の間で広まり、支持された。COLAとはCost of Living Adjustmentの略で、「インフレなどによる物価、家賃など、生活費の上昇に応じて賃金も上げる」こと。「COLAがなければ契約を結ばない」というわけだ。

カリフォルニアでは特に顕著なインフレによって生活費が年々上がり続けているのに賃金が上がらないため、COLAは多くの学生労働者たちにとってストライキで達成しなければならない必須の項目となっている。例えば、カリフォルニア大学サンディエゴ校周辺での家賃を見ると、大学が所有する大学院生用住宅の家賃は2年で2倍になっている。いわゆる"housing shortage crisis（危機的な住宅不足）"も長年の問題の一つだ。さらに、保育や医療など福祉の充実も、同時に交渉要求で主張された。長い間"poverty wages（貧困賃金）"以下の賃金を受け入れてきたからと言って、これからもずっと我慢しつづける必要はない、というのがストライキ参加者のモットーになった。間違っていることには間違っていると声を上げ、権力に立ち向かっていかなければならない。格差や不平等を是正することを目標とし、一人でも多くの人にとって「フェアな契約」を獲得するために、多くの学生が連帯している。[*1]

組合員の学生たちは「ストライキシフト」に登録し、週に5回以上の「シフト」に参加することで「ストライキペイ（収入）」を得ることができる。また、ストライキで行われることは実に様々で、数百人の規模で学長の家までマーチをし、「これが民主主義のあり方だ」「私たちは絶対に勝つ」などと全員で唱えながら練り歩くこともあれば、色々に集まってカラオケをしたり、踊りを踊ったり、バーベキューをしたりもする。

重要なのは「Don't cross the picket line（スト破りをしないこと）」。つまりＧＳＩ（Graduate Student Instructor、大学院生の教員）は授業を教えるべきではないし、宿題を添削するべきではないし、研究員は研究をしてはいけない。研究が止まり、授業に混乱が起きることで致命傷を負うのは大学経営側であり、そのダメージを負わせ、労働者たちの価値を示すことこそがストライキの目的なのだ。

特に重要な問題が、支援を優先して受ける必要のあるマイノリティや貧困層の学生、労働者には十分な援助がないまま、ＵＣ側が経営層（総長など）に高すぎる給料や豪邸を与えていることにある。大学院生やポスドクたちが家賃を払うのもギリギリであるような生活状況に置かれている中、２０２２年の4月にＵＣは学長マイケル・ドレイクのために６５０万ドルの邸宅を購入した。ＵＣの予算は毎年４００億ドル以上である。労働者たちに払う資金がない、というのは明らかな嘘なのだ。[*2]

「働く意味」への疑問

私は『世界と私のA to Z』でこう書いた（改行など一部編集してある）。〈資本主義による消費の加速で環境破壊が進み、数十年後にはもう地球上には住めなくなるかもしれない。明日のことも、将来のことも不安なZ世代は、本物の豊かさとは何か、生きる上で大切なこととは何かという問いと向き合い、自分たちにとって本当に大切で優先すべきものは何なのかを再定義しているのだ〉

4万8000人の大学院生とポスドクたちが、10キャンパス全てで、アカデミアの労働者ではアメリカ史上最大とも言われるストライキを行っている。インフレに全く見合わない低賃金と、いわばやりがい搾取と言える劣悪な労働環境を変えるべく、革命を起こしたのである。その賃金は貧困ラインギリギリのアンフェアな契約となっており、長い間このストライキの必要性が提起されてきた。労働者たちは労働組合（Union）に守られ、このストライキも正式なものとして法的に認められている。

アメリカの多くの大学の場合（特にUCの場合）、大学院生はＧＳＩ（Graduate Student Instructor）と呼ばれるＴＡの仕事か、ＧＳＲ（Graduate Student Researcher）と呼ばれる研究の仕事を名目に収入を得て、生計を立てている。研究をこなすのに加えて、論文を書いたり、データ収集をしたり、補助金申請のためのプロポーザルを書いたり、ＧＳＩの場合は学部生の宿題の添削や試験監督など、フルタイム以上の労働を強いられている。

〈過剰な格差社会が、資本主義によって引き起こされた現実を知ったZ世代は、従来の「働く意味」や「仕事への価値観」に大きな違和感を感じている。「自分のための時間を削ることに違和感を覚えることなく、ひたすら仕事に従事するべきだ」という、これまでノーマルとされていたライフスタイルを受け入れないZ世代が増えているのだ。

TikTokを開けば、「今日は仕事を始めて1日目。いくら働いても老後の貯金なんてできないし、私は年老いて死ぬまでずっとやりたくないことを続けなきゃいけないの？」と車の中で涙ぐむ人や、「そもそも〝怠け者〟という概念は、ブルジョワジーによって作られた、労働者に労働を続けさせるための架空の概念なのでは？」と問題提起する人などが、「働くこと」への疑問や焦燥感をＳＮＳで共有しあっている。

ジェフ・ベゾスなどの超富裕層の道楽のために、Amazon社員などの労働者が苦しい思いをして働いていることへの疑問なども、SNSに投稿されると一瞬で広がり、もはや大金持ちに憧れたり、彼らを擁護することが「ダサい」とさえ思われるようになっている。Amazonで商品をなるべく買わないようにしようという不買運動も存在し、例えばインフルエンサーがAmazonのPRとして、Amazonでこの商品を買おうと宣伝していると、コメント欄にはほぼ必ず「Amazonをプロモートしないで、もっと労働問題について学んで」という書き込みが見受けられる〉(『世界と私のA to Z』第6章より)

生産性や効率性を求めるあまり、労働者の雇用条件や労働環境を雇用主たちは悪化させていった。米国の労働運動は数十年にわたり衰退が見られたが、特にパンデミックによって仕事や人生における優先順位と再度向き合う時間、そして新しい働き方が生まれたことにより、現在労働組合への支持が再度高まっているのだ。

ストライキの復活は、健全な労働市場において、労働者を被害から守り、労働者が生み出す価値を共有し、仕事の質を向上させるための重要なツールの一つである。*3

Quiet quitting

"Quiet quitting"という概念をご存知だろうか。2022年3月に、あるTikTok動画をきっかけにアメリカの若者の間で広まり、今や社会現象とまで言われている。端的にまとめると、必要最低限以上の努力や労力を仕事に費やさず、ワークライフバランスを求める動きを表すフレーズだ。

多くのアメリカのZ世代・ミレニアル世代の若者たちは、なかなか良くならない経済状況の中で、何とか生活していくために長時間労働や副業をする必要があると感じている。特にミレニアル世代の間では、「上昇志向」と「オーバーワーク」を結びつけた考え方、いわゆる「ハッスルカルチャー」が一時ブームとなった。ハッスルカルチャーとは、「燃え尽き症候群カルチャー」「グラインドカルチャー」とも呼ばれ、仕事上の目標に向かって、毎日がむしゃらに働きつづけなければならないとするメンタリティのことを指す。SNSにおいてもハッスルカルチャーは「モチベーショナルなもの」として肯定的に捉えられ、かつて日本のCMのキャッチコピーとなった「24時間戦えますか」と似た価値観のもとで、趣味や睡眠を犠牲にしてでも、「ハッスル（努力）」し続けることが美徳と考えられていた。[4]

しかしコロナ禍を経て、「仕事＝人生ではない、自分の人間としての価値は生産性で測れない」と主張する脱「ハッスルカルチャー」が徐々に進んでいる。資本主義に毒され、人間を労働力としてしか見ない社会に抵抗する、という意志もその行動に含まれる。

仕事を必要以上に頑張らない、という考え方は以前から当然存在していたもので、Z世代やミレニアル世代特有のものではないかもしれない。しかしそれに"Quiet quitting"という名前がついたために、よりこうした風潮について議論される可能性が広まったし、コロナ期間中はリモートワークの普及を経て「人生の時間で何が重要か」を考え直す機会も増えた。[5]

「大切にされない職場で一生懸命働いても意味がない」「命と趣味を削って頑張ってもどうせ昇給しない」と諦めた若者たちは、仕事以外の別のところで人生の豊かさを求めている。また格差社会が悪化するばかりのアメリカにおいて、搾取されていることに気づいた労働者たちの抵抗でもある。

Z世代は「怠け者」？

一方で、"Quiet quitting"という言葉の普及は、Z世代は怠け者だというネガティブなステレオタイプを助長するきっかけにもなってしまった。しかし、これは誤解ではないか。実際には必要以上に労働しないという考え方は、世界的に見ればこれまでも当然存在したし、"Quiet quitting"に関心のある層は、ドラスティックに怠けようというのではなく、生活におけるワークライフバランスを再定義しているだけなのだ。*6

また、マイノリティや有色人種は、白人とは異なる基準で評価されており、容易に仕事から離れられるわけではないので、"Quiet quitting"をZ世代全体に広がるトレンドと捉えるのには慎重になるべきだと注意喚起する人もいる。マイノリティや有色人種は、そもそも白人と同等に認められるために倍以上の努力をしなければならないため、"Quiet quitting"を実行することは、全員に良い結果をもたらすとは限らない。さらに、この"Quiet quitting"という考え方自体は以前から存在しているものの、白人のZ世代・ミレニアル世代がSNS上で影響力を持っているからこそ、若者全体に言葉が広まったとも言える。"Quiet quitting"をZ世代特有の現象と決めつけるのではなく、そして"Quiet quitting" が広まっていることをZ世代の価値観のせいにせず、雇用主やマネジメント側がさまざまな仕事上の慣習を見直すきっかけにすべきであると指摘するForbesの記事など、多くの人々によってこの現象が議論されている。*7

さらに、"Great Resignation（大規模な退職）" という経済トレンドもコロナ禍以降話題になった。おおよそ2021年初頭に始まったと考えられており、従業員が大量に自発的に仕事を辞めている現在も、この経済トレンドは進行中だとされている。

例えばAdobeが5500人の従業員を対象に行った最近の調査によると、18〜24歳の従業員の56％が、来年転職を計画していると答えている。実際、2021年の4月に仕事を辞めたアメリカ人は調査開始以来最高の400万人で、これは前年の4月の退職者の2倍である。このような統計から見えるのは、若者たちは仕事が実際に自分の未来像・将来展望に合っているかどうかについて批判的に考えるようになっている、ということだ。

つい最近も、イーロン・マスクによる買収騒動以降、話題の尽きないTwitter社において、以下のような出来事があった。マスクのCEO就任後、広告収入が大幅に減少したことをきっかけに、彼は7000人以上いた従業員を2000人以下に減らした。昨年11月の大規模なレイオフがニュースになるなか、ひときわ話題になった人物がいた。Twitterの製品管理ディレクターだったEsther Crawfordだ。

彼女は、マスクがTwitter Blueの購読プラン刷新に向けて、残り少ない社員に多大なプレッシャーをかけていた際、サンフランシスコの本社で寝泊まりしていることをTwitter上で誇らしく「自慢」し、劣悪な労働環境、そして不健康な「ハッスルカルチャー」を美化したことで大きく批判された。

しかし残念ながら、ここまで献身的な従業員さえをも含む200人以上が、先日（2月下旬）解雇されたのだ。大富豪の言いなりになって労働を搾取されても、あっけなく見放されてしまう。ハードコアな長時間労働をし、私生活を犠牲にしてまで（そして会社の床で寝てまで）も、「仕事」は我々を守ってくれる保証がないということを証明した。

Work won't love you back

衝撃が走るようなタイトル、そしてそのジャーナリスティックな執筆の質の高さによって、多くの「2021年のベストブック」リストにランクインしている書籍[*8]である。人々の間での競争を促進させる新自由主義の社会の中で、労働者はどんどん「私生活」を奪われ、「カネにならない」家事労働は軽んじられ、薄給で不安定な雇用形態であっても

『Work Won't Love You Back』（仕事はあなたを愛し返さない）

「キャリアのために」様々なことを犠牲にするのが当たり前になってしまっている。このような問題と向き合うことで初めて、労働者（この場合は読者）は自らが置かれている搾取状況を認識し、ストライキなどの行動を通じて「正義」を求めていくことができる――そうした見方を強く促してくれるような、社会的な「正しさ」と革命的な「愛」でこの本は成り立っている。古典的なマルクス主義理論に加え、シルヴィア・フェデリーチ、アンジェラ・デイヴィス、ベル・フックスなどによる、より新しいモダンな分析を論理的な支柱として織り交ぜていることも、高く評価されている。

この本の中心にある著者の哲学は、「他者との関係を大切にする」ことだ。そしてそのような世界を形成するためには、仕事から「愛」を感じることを期待してはならない、と説く。そうすることで初めて、本当に「愛」の力を生活で感じることができる、というのだ。「仕事は決して私たちを愛し返さない。でも、他の人は愛してくれる」この一節こそが、本書の中核を体現している。

夢を煽られる若者たち

若い人たちが離職や転職を繰り返したり、メンタルヘルスを守るために休まなければならない大きな理由の一つに、子供の頃から“dream job（夢の職業）”に就くことがあまりに美化されてしまった結果、仕事に強い思い入れや愛情を注がなければいけないというプレッシャーが存在していることが挙げられる。そしてその仕事に対する熱意や献身が、ことごとく利用され、若者が搾取されていくという負のスパイラルが続いてしまっている。

そんなことが重なるうちに、仕事というものに対して若者が絶望的になっていくのは当然な流れだとも感じる。「今時の若者は辛抱が足りない」とか「メンタルが弱い」と言う大人は日本でもアメリカでもたくさんいるが、実際にその「辛抱」や「メンタルの強さ」は必要なのだろうか？　健康や幸福を害してまで、資本主義に迎合するために仕事に全てを捧げる必要性は、いったいどこにあるのだろうか？

こうした本質的な疑問を突き詰めていった結果、人生の大半を一つの職に捧げることの理不尽さに気づいてしまうのだ。上の世代が少なくとも昇給や年金、健康保険や安定した雇用が見込めたのに対して、Z世代はその期待を持ちづらい。

さらに雇用主は従業員に時間や資源を投資しなくなっており、格差は大きくなる一方だ。これは学歴インフレや大学のビジネス化によって、学歴を得るために、少なくない人々が一生借金を背負わなければならないというアメリカならではの状況の影響も大きい。いくら働いても借金の返済のせいで貯金は増えず、クレジットスコアに振り回される一方であるZ世代は、「資本主義」というシステム自体を強く疑っているのだ。

そして、繰り返しになるが、Z世代の中で「仕事が人生の全てではない」という価値観が強まっている。ここまで見てきたような様々な理由によって、「短い人生の時間をどう楽しめばいいのか、そして社会により良い変化を及ぼすにはどう行動すればいいのか」を考えざるを得ない状況に置かれているのだ。より良い社会を目指すためにも、人種差別や性差別、そしてさらには悪質な資本主義の加速化や様々な搾取を行ってきているシリコンバレーやウォール街に「万歳」と唱えた大人たちの安直な拝金主義には、手放しで賛同しにくい雰囲気になっているのだ。

いろいろなところで述べているが、Z世代は「矛盾の世代」とも言える。環境問題に配慮したいけれど、ファストファッションブランドで買い物もする。資本主義には反対だけれど、毎日頑張っている自分に「ご褒美」を買ってあげたくもある。多様なバックグラウンドを持つ人々が集まっている世代だからこそ、価値観も非常に多様で、一括りにすることは不可能だ。しかしその多様性の中でも、一貫して「もっと生きやすい世界になってほしい」という思いが強く存在しているように、私には感じられる。自分が生きやすい世界にしたいという気持ちは、今の社会が生きづらいことの裏返しであるとも捉えられる。Z世代は、自分で簡単にコントロールできる「身の回りのこと」だけに集中しよう、という

「丁寧な暮らし」や「自分のことだけをする」といった試みによって「個人の力で気分良く過ごす」だけではない。

そこから目を転じて大きなシステムの枠組みにまで疑いを持ち、なぜ自分の生活が豊かにならないのか、前の世代のように恩恵を受けるのが難しいのか、なぜ自分が好きなように生きられないのか、苦労をしなければならないのかを繰り返し問うてきた。だからこそ、その理由をZ世代は若い頃からどこかで悟っている。誰かが大いに得をし、誰かが搾取される格差社会が悪化しており、根幹に後期資本主義の問題があるということを。「大人に任せておけばいい」という時代は、もうすでに終わっている。自分たちの手で、「昔からそうだったから変わらない」という前提ごと覆してしまう。どんどん「変化の前例」を作っていくことで、自分たちの手で腐った社会を少しずつ変えられることを証明している。我慢していても誰の得にもならない、という「絶望」と「希望」を抱えながら、「生きているという手応え」を感じるために、彼らは行動しているのだ。

＊1　Fight Back!News, "University of California academic workers on strike say 'No COLA, no contract!'" December 8, 2022 https://www.fightbacknews.org/2022/12/8/university-california-academic-workers-strike-say-no-cola-no-contract

＊2 DAILY BRUIN,"University of California must fairly compensate academic student workers",November 13, 2022
https://dailybruin.com/2022/11/13/editorial-university-of-california-must-fairly-compensate-academic-student-workers

＊3 Kate Bahn,"American workers are rediscovering the power of going on strike" MSNBC,October 19, 2022
https://www.msnbc.com/opinion/msnbc-opinion/why-american-workers-are-threatening-more-labor-strikes-n1299949

＊4 Martina Mascali,"Hustle Culture: How "Every Day I'm Hustlin'" Became a Mantra" Monster
https://www.monster.com/career-advice/article/what-is-hustle-culture

＊5 HILLARY HOFFOWER,"Gen Z didn't come close to inventing quiet quitting. 'It's a tale as old as time" FORTUNE ,August 27, 2022
https://fortune.com/2022/08/27/what-is-quiet-quitting-gen-z-doing-bare-minimum-slacker-work-life-balance/

＊6 Harriet Marsden,"TikTok is credited with coining the term 'quiet quitting.' Now it's turned against it" INSIDER, October 3, 2022
https://www.insider.com/tiktok-coined-the-term-quiet-quitting-now-its-turned-against-it-2022-9

＊7 John M. Bremen,"Quiet Quitting: The Real Story (Don't Blame Gen Z)" Forbes Sep 20, 2022
https://www.forbes.com/sites/johnbremen/2022/09/20/quiet-quitting-the-real-story-dont-blame-

gen-z/?sh=1e5623b52eab

＊8 Wezzy,2022.01.01
https://wezz-y.com/archives/94262

対談

#Z世代的価値観を考える

竹田ダニエル×斎藤幸平

「Z世代」の革命のかたち

Z世代が生まれた背景

斎藤 『世界と私のA to Z』（2022年刊）を大変面白く読みました。ただ手に取られた方は最初、著者はどういう方なんだろうと疑問に感じると思うんです。今日も写真はNGですが、25歳というのは本当か、普段はどういう活動をしているのか、もしかしたら著名なおっさんの裏アカなんじゃないのかとか（笑）。

竹田 アメリカ在住の25歳ではなく、日本に住んでいるおじさんなんじゃないの？　とはよく言われます（笑）。顔を出していないのは、自分の発言を先入観なく受け取ってほしいからだけれども、はっきりした言葉で強い意思を伝えているからか、おじさん説が根強いみたいです。自分は生まれも育ちもアメリカですが、長期休みは日本の塾に通ったり、大学は日本とアメリカで半々で、人生のちょうど半分くらいを日本とアメリカで分けて生活してきました。そして今はアメリカで理系研究職に就いています。

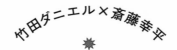

斎藤 理系研究職!?　今回上梓された『世界と私のA to Z』とは全く関連性がないように思えますが、文章を書くことになったのはどういった経緯があったのでしょうか。

竹田 アメリカの大学でミュージックビジネスの授業を受けたのがきっかけで、日本のユニバーサル　ミュージックにフリーランスの海外コンサルとして雇ってもらい、音楽業界の仕事をやるようになったんです。また、シリコンバレーに住んでいたことからイノベーションと社会問題にも早くから興味があり、特に最近必要性が増しているテックのソーシャルな側面については、大いに関心を持っていました。

コロナ禍が始まったころ、自分は日本にいて、それまでの経験をもとにTwitterで音楽業界のことをつぶやいたんです。そうしたら注目が集まって、「現代ビジネス」からZ世代とメンタルヘルスと音楽について書いてほしいと頼まれたのが、最初の原稿依頼でした。それまで日本語で原稿や記事を書いたことがなかったし、そもそも第一言語ではないので不安もありましたが、せっかくの機会だったので、英語圏の記事をいくつもリサーチして、DJのようにつなぎ合わせた記事を書きました。それが広く読まれたことで依頼が増えていったんです。自分の体験を織りまぜながら、社会全体の話題とかトレンドを独自の視点で提供するのが、自分の役に立てる場所かなと思ってやっています。

斎藤 研究と執筆のバランスは、どのように取っているんですか。

竹田　本業はもちろん研究です。執筆は本業じゃないからこそ自由にできる。今のところ、自分が伝えたいことに共鳴してくれる方たちと仕事ができていて嬉しく思います。

斎藤　『世界と私のA to Z』を読むと日本語が第一言語じゃないとは思えないし、竹田さんのほかの記事もどれも読みやすいです。私もアメリカの大学を出ているので、現地の媒体の記事は読めますが、TikTokなどに代表される若者のカルチャー、そこに付随するスラングなどは、正直、なかなか実感としてはわからない。そんな情報を日本語でまとめて発信してくれる方がZ世代の当事者から出てきたことがありがたく、竹田さんのアカウントは最初のころからフォローしていました。

Z世代への関心は今、日本でも高まっています。でも、大人がブームとして消費したり、若い世代に勝手な期待を押しつけたりする傾向がある現状を懸念しています。SDGsとかZ世代とか、外国由来の概念が出てくると、すぐにマーケティングの道具にして、これが世界の最先端だと意識の高い若者たちに売りつけてしまうような状況にあって、Z世代当事者の言葉が出てきたのはすごくいいことだと思いました。

Z世代を語る≠世代論

竹田　自分はZ世代に特有の新しい価値観がどのようにして生まれたのか、その背景を話しているのであって、Z世代の全員が同じ価値観を持っているわけではないと繰り返し書いています。それにもかかわらず、アンチの人たちは切り札のように「個人の意見をZ世代で括るな」と言ってくる。日本では、Z世代とは自意識の高い「ミーの世代」だと言われますが、自分は逆だと思います。どんどん自己責任化していく社会にあって、つながりを求めていくのがZ世代であり、特徴を一概にはまとめられない矛盾の世代でもある。Z世代じゃない大人たち、または大人に操られているZ世代の子たちが、乱暴に「Z世代とは」と括ってしまう日本の状況は怖いと思います。だからもっと大きな世界規模での社会問題やトレンドに焦点を当てて、それをZ世代の観点から読み解いていくというプロセスで、自分はやっています。

斎藤　だからこそ『世界と私のA to Z』を読むと、Z世代のイメージが変わると思う。実際、アメリカのZ世代は日本のZ世代と結構違いますよね。竹田さんはこの違いをどう見ていますか。

竹田　自分がZ世代について書き始めたきっかけの一つに、大人たちが「Z世代はすごい、頑張っている」と言うことへの違和感があります。「群像」からの最初の原稿依頼のテーマは〈大統領選〉でした。その当時、Z世代はみんなバイデンに投票しているように世間から見られていましたが、そんな簡単な話ではなく、Z世代にも保守的な人はたくさんいることを伝えたいと思いました。大人たちが私に言ってほしいだろう言葉を使わずいかに裏切っていくか、それを常に考えています。

最近は、コロナ禍がZ世代にとって大きなシフトになったことを実感しています。自分が大学生だったころと雰囲気が全然違うんです。自分の世代は二〇一九～二〇二〇年に大学を卒業して仕事を探した世代で、コロナ前の大学生全体の雰囲気としてはスタートアップしたいとかテック企業に就職したいとか、多くの人が息巻いていました。でも、自分より下の世代は、コロナ禍によって学生時代の大切な時間を奪われたことで、いつ世界が終わるかわからないのに、なぜやりたくもない仕事をしなければいけないのかというニヒリズムや諦めの空気が広がって行ったように思えます。

そんな中、小さな丁寧な暮らしに向かう人もいれば、もっとアクティビズムで頑張ろうというラディカルな考え方の人もいて、絶望の時代をどう生き抜いていくのか、多彩な考え方がアメリカのZ世代の中で新しく生まれてきた。親世代とかミレニアル世代は、仕事がある程度安定した中でコロナ禍に入ったので生活の基盤があるけれど、Z世代にはそれがないことが大きかった。

その点で日本がアメリカと違うのは、日本はコロナが流行っても政府が経済を維持するために「通常運転」を押し通そうとしたことじゃないかと思います。だからコロナ前と後で、社会に対する考え方に政治的な観点であまり変化がないように思えます。多くのお店が閉まっていく外的な変化やメンタルヘルスへの影響はあったと思うけれど、社会全体で立ち止まって、それらと向き合い、広く語られる機会はほとんどなかったと思います。

一方アメリカでは、ロックダウン生活の中ひとりでどうやってメンタルヘルスと向き合えばいいのかなど、今までの社会で欠落していた部分をこの機会に見直していく傾向が、強くありました。また、Black Lives Matterやトランプ対バイデンの選挙とも時期が重なり、さらにカリフォルニアでは空が真っ赤になる大規模な山火事が二回もあったりして、世界が終わるんじゃないかと切実に感じられたんです。一年半ぐらい時間が止まったようでした。ただ、自分なりに社会と向き合う時間ができたし、メディアや学校、会社のコロナ禍への対応の仕方も日本とは大きく違いました。

斎藤　マーケティングの道具としてのZ世代が、「世界を変えていく若者たち」という明るいイメージなのとは違って、社会や未来への絶望が根幹にあるのなら、Z世代の印象はかなり変わってきます。絶望して鬱になっていく人もいれば、このままじゃダメだと怒りを持って社会運動にコミットするグレタ・トゥーンベリみたいな人もいる。ただどちらにしても、このままいくと私たちの未来はいいものじゃないという感覚を多くの人が共有しています。

私が監訳した政治学者キア・ミルバーンの『ジェネレーション・レフト』という本があります。彼も世代ごとの価値観を重視していて、そこで共通するのは大きな「出来事」をどう経験するかであると言っています。今のコロナ禍とか私の世代だとリーマンショックとか、出来事に巻き込まれたとき、上の世代はすでに安定した仕事があり不動産や貯金もあるから、できるだけ早く元の状態に戻ってほしいという形で保守化していく。一方、若い世代はいつ死ぬかわからないという危機感や、保守的な大人たちへの怒りによって既存の価値観が揺らいで、危機を打破するための新しいものをつくり上げていく可能性がある。

『人新世の「資本論」』も、「脱成長」という新しい価値観を打ち出した本ですが、念頭にあったのは、海外のZ世代たちの声でした。ミレニアル世代として、非常に学ぶことが多いんですよね。今回の竹田さんの『世界と私のA to Z』も、今の日本の状況を相対化し新しいストーリーをつくっていくための、大きなヒントになりそうです。

絶望のリアルと現実逃避

竹田　自分は、「疑う力」がZ世代的価値観の中核にあると捉えています。SNSがない時代に、アメリカの田舎のような保守的な場所に住んでいたら、たとえば自分は異性に対して恋愛感情が抱けない、もしかしたら同性が好きなのかもしれないという気持ちとか、中絶反対に同意できないという気持ちがあったとしても、学校や地域社会から脱することができずに、間違っているのは自分の方だと思ってしまう。でも今は誰でもSNSにアクセスできるので、ニュースや大人たちが言う社会の価値観の方が間違っている、という現実を知ることができます。

この間、TikTokで面白い動画を見ました。ずっとネットに張りついている人と、全然やっていない人たちを比較したものでした。ネットをやっていない人が既存の社会から与えられたものを当たり前だと思っているのに対して、ネットに張りついている人はいかに社会がおかしいか理解しているからこそ絶望している。つまり、より現実を見ているんですよね。

斎藤　SNSがもたらすものには二面性がありますよね。YouTubeとかTikTokで自分の人生やプライバシーを切り売りしてアテンションを得る、フォロワーを得る、ライクを得る。その中でメンタルヘルスを病んでいくという側面と、middle of nowhere な場所で何ともつながれなかった人たちが、SNSを通じて別の価値観に気づいていくという側面です。特にアメリカはこの両極端で引き裂かれている感がありますが、日本の方がまだマシかもしれません。

竹田 日本のZ世代は、むしろアメリカのミレニアル世代に似ていると思う。ミレニアル世代は地に足が着いていなくて、結婚せず子どももいないままフラフラ遊んでいるイメージで、アメリカでは長い間、一番若い世代イコール、ミレニアルと捉えられてきました。

斎藤 僕はミレニアルで、アメリカに留学していたのでよくわかります。最近の気候変動問題でフライデーズ・フォー・フューチャー・ジャパンの子たちを見ていると、当時のアメリカの友達とすごくシンクロするんですよね。今日本で語られているベジタリアンやLGBTQ+も、当時のアメリカのリベラルな若者にとっては一般的な価値観だった。つまり日本の価値観は一世代遅れているんです。

だから今、欧米のZ世代を見ると、日本が次に向かうべき方向性がわかる。違いの一つは、もう一歩踏み込んだ資本主義に対する強い違和感や怒りだと思います。その怒りが、直接行動につながっている。もちろん、トマトスープをかけろとは言いませんが、ネットでのハッシュタグデモとか署名活動を超えた運動が日本でも出てくるようになれば、閉塞的な状況は変わるかもしれません。

竹田　日本とアメリカの大きな違いで言えば、アメリカは現実が明らかに「終わっている」から、ラディカルなアクションによって変化を起こさなければいけないという切実感があるんです。一方で日本では、ポップスターや芸能人の発言が注目されたり、人々にとっては現実逃避がメインになっている。ガールボスとか資本主義にまみれたリベラリズムとか、女性でもガツガツ働いていいとか、クィアにはこんなにカッコいい人がいるとか、どれもマスに受ける、おしゃれな社会変革に見える。そういうところが、アメリカのミレニアル世代が若かった頃に似ていると思います。

自分が海外案件を担当しているＳＩＲＵＰを初めとした有名アーティストが、これまでタブー視されていた政治や社会に対する発言をすると、自分達が感じていた違和感をみんな覚えていたんだ、という解放につながっていくのは、日本が同調圧力の社会だということを表しています。セレブやアーティストの発言に影響され、心の内にかかえていた違和感から解放されたという人が自分の周りにも多くて、これはアメリカで言えばミレニアル世代にあった現象だと思いました。

対して、アメリカのZ世代は特にコロナ以降ネット漬けが悪化したからこそ、リアルな世界が恋しいという矛盾をかかえています。だから最終的には友達とコミューンをつくって農業をしたい、みたいな形が理想となっていく。Black Lives Matterや大学のストライキなど、人間が集まることによって起こる変化の重要性が増してきたのは、それが要因だと思っています。ネットとリアルでは人間の交わり合い方が違うことを、貴重なティーン時代にコロナによる隔離を経験しているからこそ実感しているんですね。

斎藤　確かにリアルでの人間の交わり合いの場として日本の社会運動は機能していません。むしろ、コロナ禍で後退している。もちろん、日本でいきなり、Black Lives Matterであるとかエクスティンクション・レベリオンみたいなことはできないけれど、現場に行って、他者に会うことは、ネットの社会運動が頭打ちだからこそ、改めて重要性を増しています。そういう意味もあって『ぼくはウーバーで捻挫し、山でシカと闘い、水俣で泣いた』では、自分自身が現場に赴くことにしたんです。

例えば、竹田さんの本を読んで、アメリカのZ世代を理解したつもりで終わってしまったら、マイノリティの人たちの悲痛な叫びや社会変革に対する怒りは薄められてしまって、マジョリティにとって都合がいい「ダイバーシティ」とか「SDGs」といった心地よい言葉にちぎり取られてしまう。いわゆる、ウォッシュになっちゃうわけです。そうではなく、もう一歩踏み込んで考えるためには、人とつながり合ったり問題が起こっている現場に行く必要がある。コロナ禍で加速してしまったネットの勢いをスローダウンさせることも必要だと思います。

竹田　アメリカの多様性の高いエリアにおいてコミュニティを形成するには、どうやって周囲との共通点を見つけていくかが大事になります。たとえばカリフォルニアにはクィアな人たちのコミュニティが多いのですが、そこにはゲイの人もいればトランスジェンダーの人もいて、決して同じ経験をしているとは言えないけれど、同じような抑圧を受けてきたという共通点がある。それがコミュニティの形成に大きく作用しています。

日本は、本当はひとりひとりが違うのにみんな一緒という意識を持つように育てられるので、共同体から外れてしまったらもう行き場がないし、外れている人を揶揄しようとする強制力が働く。同調圧力で社会が成り立っていますよね。今の社会は間違っている、変えたいという人に対して、「おまえは負け組だ」とか「文句を言うな」とか、排除する言葉を浴びせることで優越感を得る人たちが、いっぱいいる。

そんな中、「自分が抱えていた違和感を全部言語化してもらった」とか、「こういう視点があってもいいんだとわかった」というメッセージを日本の若い子からもらったり、大人の世代からは「自分は大人として恥を抱えて生きていたけれど、アクションを起こすヒントになった」と言われたりすることが多くなってきて励みになりますし、希望を感じます。でもその一方で、個人の価値観や思考を広めるきっかけにはなれても、文章で社会を変えられるという感覚が個人的にはあまり持てないんです。やはり遠くの地から文章を書いているので、実際に届いているかどうかの実感が持ちにくいなとは思います。ただ、自分が後悔しないために、今しか書けない、自分がアメリカで感じているリアルを書こうという気持ちでやっています。アメリカで今起きていることを書いていると、一年後、それがまとまって本になったころに、日本で現実化しているのも興味深いです。

社会運動を根付かせるために

斎藤 さらに言えば、欧米のZ世代から、もっと年齢の高い「群像」の読者層も学んでほしいですよね。個人のレベルのライフスタイルチョイスとか、有名な発言者に自分を同化していくだけでは社会は変わらないことに気がついた人たちがラディカル化していくポテンシャルは、きっと日本にもある。だからこそ、欧米のZ世代の議論や価値観を輸入するということは、日本社会全体の価値観をアップデートするために重要だと思うんです。

例えば、「インターセクショナリティ」という言葉も、日本に入ってきてはいるけれど、まだ実践はできないですよね。それどころか、社会運動に関心があるような人々が、内部分裂していく傾向がある。アメリカにも同じような問題はないのでしょうか？

竹田　それを考えるキーポイントとして、不幸せであると認識することと、ダークユーモア的なミームとの二つがあると思います。同じく不幸な思いをしている人同士で後ろ指を差し合うのではなく、ビリオネアや政治家のような権力を持つ人たちを批判するためには、自分は不幸であると認めることが必要だと思うんです。日本はそれがしにくいし、東京に住んでいたらなおさらです。

斎藤　それなりに幸せに暮らせるので、そういう意識とは結びつきにくいですよね。

竹田　そうなんです。自分はまだ幸せなほうなのだから、社会に対して文句を言ってはいけないとなってしまう。アメリカでは、たとえば Twitter のイーロン・マスクを批判するツイートに「でも、あいつはメチャクチャ頭がいいし、カッコいいじゃん」というリプライがついたとすると、さらにその下にブーツをなめる人のミームとか、『シンプソンズ』のクイックEマートの店員が、誰かが銃で撃とうとしている前に飛び込んでいるミームが貼りつけられて、「おまえは今こういうことをしているんだぞ」という揶揄、反論が巻き起こる。何が問題なのか根本から考えようとする運動が広く行き渡っているから、そういう意思表示が出てくるんです。ミームなどのネットカルチャーを使って、ユーモアとともにに絶望に対処していく態度を強く感じます。ジ・オニオンというフェイクニュースサイトとかもそうです。まるで本物のニュースのように、ツイートしたりインスタに投稿したりするんです。

斎藤 日本の虚構新聞みたいなものですね。

竹田 すべて風刺と皮肉なんですけど、二年後には現実になっていたりする。そのような諦めと絶望にユーモアを交えた社会批判の仕方がZ世代的だなと思うんですよね。

斎藤 そういう形をいかにつくるか。いかに新しい運動をZ世代と一緒につくっていけるかどうかに、ミレニアル世代のひとりとして強い関心があるのですが、今アメリカでは具体的にどのような実践があるのか、竹田さんの身近な活動を例にして、教えてもらえませんか。

竹田 本当は自ら飛び込んで当事者として活動できればいいんですが、どうしても観察する側になってしまっています。大学のとき、クィアな子たちと、そのアライたちが集まる授業に参加していました。また、アジア系アメリカ人の学生団体とか日系人のお年寄りのデイセンターに行って、インターンメントキャンプ（強制収容所）を経験した人たちの話を聞いたりして、日本の視点を持ってアメリカの面白そうなところを見てみようと思っていましたが、コロナ禍に入って難しくなりました。小規模なところでは、クィアな人たちのグループチャット文化がすごくて、自分もグルチャでニュースやイベント情報をシェアしたり、ブランチに行ってお互いの近況報告をしたりしています。また、ドキュメンタリーフォトグラファーの友達とは一緒にオークランドの貧困地域でのプロテストや、「ロー対ウェイド判決」を覆す草案に対するプロテストなどに参加しました。

その中で、ネットとリアルの架け橋になるのはビジビリティ——ある社会問題に対して関心を持つ人がこれだけいるということの可視化——で、ひとつの場所に人がたくさん集まることが大事なんだと実感しました。人が多ければ多いほど、写真や動画に撮って拡散することで、これだけの動きになっていると証明できます。だから、大きなメガホンを持って叫ばなくてもいいし寄附もしなくていいから、とにかく現場に行くことが大事。そこに行けばコミュニティもあるし、人とつながれるという側面もあります。

カリフォルニア大学システム全体でのストライキのときも4万8000人という万単位の規模で研究者、TA（ティーチング・アシスタント）、大学院生が参加して、98％の同意でストライキがパスされました。これはアメリカ史上最大のアカデミック労働者のストライキとして、今非常に話題になっています。ストライキ・キャプテンが各学科や研究室から立候補して、巨大な公立大学システムであるにもかかわらず、非常にうまくオーガナイズされています。一応ユニオンからは給料は出ますが、みんなほぼボランティアでやっている。軍隊の行動プランみたいな感じでシフトを配置する。仕事をしたいのはわかるけれど、それを放棄して、みんなで集まる。とにかくビジビリティ、どれだけ周りに見えるかが大事だとわかりました。

斎藤 98%というのはすごい！

竹田 行動に移すかどうかは別として、理念として何が正しくて何が間違っているかは、みんなわかっているんです。それがアメリカのZ世代の矛盾というか一番の課題でもあります。たとえば日本には「ファストファッションを買って何が悪いの？」と考える人がまだたくさんいると思うけれど、アメリカだと、みんながファストファッションは環境にも人権の面でも問題があるとわかっている中で、それでも買う人は買う。

斎藤 なぜ悪いのか、それに至る問題の共有はできているんですね。

竹田 最近、アメリカの国会（コングレス）にZ世代の政治家が入ったことが話題になりましたが、今後は共有した価値観をもって、どんな行動に移していけるかが大事になります。

斎藤 今回の中間選挙でもレッド・ウェーブが来ると言われていたけど、それを食い止めた一つの要因として、初めて投票権をもったZ世代の若い子たちの存在があったと言われていますよね。環境や人権問題についての共通認識が生まれているのは、やっぱり強い。自分も含め、日本はまだまだです。

最近、私自身のインターセクショナリティについての認識が甘かったなと感じたのは、エジプトで開催された国連気候変動枠組み条約の締約国会議（COP27）です。エジプトは独裁国家で、エジプト国民が言論の自由を奪われている状況で環境対策について話し合っても意味がないのではないかという指摘がありました。実際にグレタ・トゥーンベリは、民主的な自由がない国で、気候変動についての話し合いなんかできるわけがないとボイコットの選択をしたわけです。

私自身は、最初、そこまで想像できなかった。グローバルサウスでCOPが開催されることはいいことだと思っていた。でもこれではインターセクショナリティは絶対に生まれない。結局日本の中でも一部の人たちだけの連帯にとどまってしまって、国内の弱い人たちのことも十分に考えられないんですね。だから運動が広がらず、「意識が高いやつらが何か言っているぞ」という揶揄の対象になってしまっている状況は、極めて深刻だと思います。この状況を打破するために、私ももっと学びたいと思うし、竹田さんがこうやって海外の取り組みを発信してくれていることは、日本でそれらの問題に疑問や違和感を持っている人たちにとって、エンパワメントになるはずです。

危機感を行動で示すことの重要性

竹田　斎藤さんが日本国内にいて、さまざまな問題を考え、実践に移しているモチベーションはどこから来ているんですか。

斎藤　私は高校を出てアメリカに行き、そこからドイツの大学院に行って、今は東大で教えていますが、自分が恵まれていたことへの反省があるわけです。東京で生まれて、男性で、中高一貫の私立に行って、奨学金がもらえた。一方で、そういう土俵にそもそも立てない人たちがいるという構造的な格差が存在します。私がここまで来られたのは、自分ひとりの努力ではなく、いろいろな恩恵を受けてきたからなので、勉強の成果をひとり占めにして自分のためだけに使うのではなく、社会を変えていくために使いたいという思いがあります。

　私にとってのロールモデルとなっているのがエドワード・サイードです。高校時代に戦争についてサイードが書いたものを読むようになって、反戦活動やパレスチナ問題解決に声を上げている世界的な文学者がいることに感銘を受け、自分もそういう思想家になりたいと思った。もちろん、かつてはそういう研究者が日本にもいて、公害問題に取り組んだりしていましたが今は少なくなって、研究成果をビジネスにどう連携していくかとか、根本的に問題に取り組む姿勢が変わってしまった。そのことへの強い違和感と、学問のあり方の伝統を守っていきたいという思いがあります。

竹田　ノブレス・オブリージュですね。

斎藤　逆にヨーロッパなどでは、エクスティンクション・レベリオン・サイエンティストのように、科学者たちも座り込み活動をするようになっています。たとえば気候変動について、こういう変化が起きますという論文を書くだけでなく、危機感を持った以上、行動も起こしていくことが改めて重要だなと思うし、自分もやりたい。竹田さんはどうですか？

竹田　自分がどうして今のような活動をしているかというと、「Teen VOGUE」とかネット媒体が出始めたころに、政治やジェンダーや社会問題について発信する若者向けの媒体が結構あって、すごくいいなと思ったんです。同世代の子たちの活動を取り上げる媒体も多かったので、自分のバックグラウンドを活用して、そういう人になりたいというざっくりとした考えを持っていました。『世界と私のA to Z』も初心の延長線上にあると思います。どこまで深く書けるか、論破されるスキをなくせるか。ストレスを感じつつ、自分が興味のある話題の研究を毎月やらせてもらっているみたいな感覚で書いています。

斎藤 『世界と私のA to Z』は日本の読者にとって本当に貴重な情報源になっていると思います。こういう視点、こういう運動が世界にあると知ることは、自分がとらわれている古い価値観をアップデートする絶好の機会であり、日本社会の閉塞感を乗り越えるきっかけになる。竹田さんも最終章で書いている通り、Z世代とミレニアル世代は別に対立しているわけではなく、この社会で生きている以上、みんな同じような不安や問題を抱えている。私たち大人も今、新しい価値観を学び、責任を持って行動していくことが求められているし、それができる大人に私もなりたいと思いました。

竹田 斎藤さんぐらいのお年の方から「若い人たちを応援したいという気持ちになった」とか、「自分にもできることを知れた」というコメントをいただくのがとても嬉しいです。『世界と私のA to Z』によって、若い子たちが抱えている問題意識を知るだけでなく、彼らの心の葛藤にも気づいていただけたらいいなと思います。

（2022年11月11日、講談社にて。構成／鈴木隆詩）

斎藤幸平（さいとう・こうへい）
1987年東京生まれ。東京大学大学院総合文化研究科准教授。ウェズリアン大学卒業、ベルリン自由大学哲学科修士課程・フンボルト大学哲学科博士課程修了。大阪市立大学准教授を経て現職。著書に『大洪水の前に――マルクスと惑星の物質代謝』（角川ソフィア文庫）、『人新世の「資本論」』（集英社新書）、『ぼくはウーバーで捻挫し、山でシカと闘い、水俣で泣いた』（KADOKAWA）など。

竹田ダニエル×SIRUP

アーティストと同じ目線で音楽に参加する

音楽と社会、政治の接点

編集部 「群像」の連載を一冊にした『世界と私のA to Z』の巻末で、ダニエルさんはSIRUPさんのお名前を挙げて謝辞を記されていました。ダニエルさんはSIRUPチームの一員としてアーティスト活動をサポートされているそうですが、どういうきっかけでお仕事を一緒にされるようになったんですか。

SIRUP 僕がダニエルのツイートを見て、「ついに音楽業界についてしっかり発言してくれる人が出てきた！」とうれしくなってフォローしたら、すぐにDMをくれたんです。共通の知り合いのstarRoさんというトラックメーカーの方が、みんなで会おうと場を作ってくれて、そこで出会ったのが最初ですね。それがコロナ前、2019年の末ぐらいやった気がします。

竹田 SIRUPに会う前は、大人にいろいろ言われておしゃれなシティポップをやっているアイドル的な存在というイメージでした。SNSもスタッフが代わりに投稿しているんだろうと思っていたら、基本的に自分でやっていると言う。ただチャラチャラ遊んで、東京でチヤホヤされながら育った嫌なやつだろうと思っていたのが、全然違いました。サービス精神旺盛な大阪のお兄ちゃんでした。

私は大学生の頃に、日本のアーティストの海外PRやマネジメントの仕事をしていたんですけど、2018〜19年ぐらいに、突如日本の音楽シーンにSIRUPが出てきた。小さいフェスのヘッドライナーをやったり、曲がホンダのCMに使われたりして、アーティスト界隈でも、「すごい歌のうまいやつが急に現れた」とザワついたんですよ。だから Twitter でフォローされて、びっくりしたのを覚えています。

SIRUP　僕は下積みが長かったこともあって、音楽業界の灰汁《あく》というか、よくないところを見てきて、いろいろと思うことがあった。だから自分たちのチームでは、「中から変えられたらいいよね」「できることをやっていこう」という姿勢は共有していたんです。そんな時に、うまく言語化して発信している人を見つけた。それで僕は「最高だぜ！」となってフォローしたんですよ。

竹田　それから2020年にコロナ禍に入って、SIRUPが英語の勉強をしたいと言い出した。私は英会話教師の経験があったので、音楽の仕事を一緒にやる前に、まず英語のレッスンをオンラインで始めたんです。SIRUPの曲について英語で書かれている記事や、海外アーティストのインタビューを翻訳して、さらにどうして彼らがこういうふうに答えているのか、どうしてインタビュアーはこういう質問をするのかということまで話しました。そうやって踏み込んでいく中で、英語というのはツールではあるけど、アメリカで書かれた記事ならアメリカの社会的背景がわからないといけないよねと、結局、価値観の話になったんです。

starRoさんを含めてオンラインで話す機会があったのですが、そこで日本の音楽業界で生きづらい思いをしている人がいるのは、音楽と社会が結びついていないからだという話になりました。コロナ以前、みんなが言いづらくて言えなかったことも含めて、立ち止まって問題を洗い出すということが一切されてこなかった。アーティストが社会に対して声を上げてこなかった。ファンに現実を見せないために黙っているとか、いろいろ事情はあるんでしょうけど、政治と接点を持ってこなかった分、緊急事態宣言が出されてから、ライブをする場所がなくなったり、給付金が出なかったり……、音楽は最初に見捨てられる、ということを多くの人が実感したと思うんです。

アーティストとファンが共に学んでいく

編集部　SIRUPさんは音楽活動を始めてから、社会問題に目を向けなければいけない、積極的に声を上げていきたい、と考えるようになったんですか。

SIRUP　ずっと思っていましたし、頻繁ではないですけど、そういうことを定期的に発信していました。コロナ禍に入ってからは、立場を明確にしないといけないと思って、言葉も強い角度になりましたね。歌詞の本当の意味が伝わらないと、自分の作ったものが音楽的に正しく評価されない。そういうことを考えるタイミングでもあったんです。ミュージシャンとしての危機がコロナと重なった。

結局、英語のレッスンは途中からは英会話よりも社会問題について話し合ったり、自分が感じている社会の違和感や疑問を打ち明けたりする時間になったんですけど、「Online feat. ROMderful」という曲以降、ダニエルには英語の歌詞や海外コラボのディレクションに携わってもらうようになりました。

編集部　SIRUPさんがダニエルさんと関わるようになって、ご自身の表現や考え方、行動で変わった部分はありますか。

SIRUP　めちゃめちゃ変わりましたね。僕は本を読むのが得意じゃなくて、でもネットだけでは偏った知識になっていく。例えばBlack Lives Matterのこともそうですけど、いろいろな社会問題をメンタルヘルスも含めてダニエルが教えてくれる中で、物事の解像度が上がっていったんです。おかしいことはほんとにおかしいし、変わらないと諦めていたものも、やり方さえ考えれば変わるんじゃないかと思うようになった。発信も強くなっていったし、活動の方針も定まっていきました。

ブラック・ミュージックに影響を受けて音楽をやっている人はいっぱいいます。でも、Black Lives Matterは人種差別への抗議で、好きだからとかリスペクトしているからとか、本人は真剣な気持ちで真似していたとしても、それは文化の盗用であって軽い気持ちに見られるんだよ、だからもっと理解しないといけないんだと仲間に伝えたり。僕は普段からミュージシャン同士でもそういう話をするんですけど、正確な情報を伝えることができるようになったのは大きいなと思います。

竹田　こういう時、ちょっと複雑だなと思うんです。私には日本の音楽業界にいる人とは違う価値観があるから、抵抗する人もいるし、反対にいわば鵜呑《うの》みにしてしまう人もいる。でも、私の価値観が絶対的に正しいわけじゃない。私はＳＩＲＵＰを見つけて育てたわけでも、現場で泥臭い仕事をしているわけでもありません。

他のアーティストに関しても、今の彼らを見て、何に悩んでいるのか、何をしたほうがいいのか、客観的な立場で一緒に答えを探していくということをメインでしています。それは決してアーティストの意見を変えようということではなくて、今ある彼らの願望を叶えるために、どういうツールがあるのかを見せていく。断言おじさんみたいに正解を言うのは簡単なんですけど、それだとアーティストのためにならないじゃないですか。チームみんなで成し遂げたいゴールを設定して、そこに行くために何をすればいいのか。何のために音楽に携わって、どうしてその曲をつくって、誰に聞いてもらいたいのか。人間として、アーティストとして、どういう考えをもって生きているのか。最初は苦しいかもしれないし、疲れるかもしれないけど、長期的に見たら、そういうことを明確にしていったほうがいい。

音楽業界はとにかく流れが速くて、アーティストは認知され続けるには新しい曲を次々に出さなきゃいけない。焦燥にかられながらひたすら数字を追って、燃え尽きてしまう人が多い。だから余計に、「なぜ？」と立ち止まって考える必要がある。

SIRUPのファンアプリで、臨床心理士のみたらし加奈さんをゲストに迎えたことがありました。それ以外にも、社会学者や心理学者、作家など、さまざまな知見のある人たちを彼につなげています。龍崎翔子さんの運営するHOTEL SHE, というインディペンデントのホテルとコロナ禍にチャリティー・コラボをしましたが、企業やブランド、社会活動団体の中には、音楽が好きで、アーティストと一緒に何かやりたいと思っていても、接点がないというところも多い。私は仕事として、その中間点になって、自分の持っているリソースを配分するということを大事にしようと思っているんです。

SIRUP 日本の音楽業界のビジネスのやり方としては、アーティストを謎めいた存在、見えない存在にして、そこにカリスマ性を感じるファンに崇拝させるという傾向がありました。でも、それだと結局アーティストの人権とか、何を考えて活動しているかというところは蔑《ないがし》ろにされる。そういうファンベースで商売をしてきた業界の中で、自分はどういうスタンスとペースでやっていくのか。アーティストが意見を持って発信するということは、「思想がある」ということなんです。何かしらの信念を持っていたり、政治的なことについて少しでも発言すると、「思想が強い」と言われるんですよ。２０２０年、コロナ対応について Twitter で政権批判をしたら、毎日アンチコメントが送られてきた。でも、思想がないアーティストの音楽を聴いて何を感じるのかと、逆に聞きたい。

Twitter や Instagram では情報の共有が上手くできないので、ファンアプリを作りました。そこで、「自分はこう思っているよ」と発信するだけじゃなくて、「みんなはどう思う？」と問いかけたり、「共に学んでいこう」という姿勢で、みんなで議論するような形をとっています。最初はファンの方も受け入れられないことがあったようで、例えば僕がタトゥーを入れていることには否定的な反応もありました。実際、偏見はあると思うんですけど、自分がなぜタトゥーを入れているかとか、そもそも入れているけど「タトゥー最高だぜ！」とは言っていないとか、そういうシンプルなところから、諦めずに対話することで理解してもらうほかない。もちろん、間違ったことがあれば謝るし、そういう姿勢でずっとやっています。

アーティストを人間として尊重する

竹田　音楽業界のシステムの話をすると、大手レーベルで働いている多くの人は、担当しているアーティストのことが好きで配属されているわけじゃないんですよね。もちろんそうじゃないケースもありますが、アーティストに対してファンと同じ熱意を持って向き合っている人は、どちらかというとレアな存在です。あくまで社員だから、アーティストが成功しようが、しまいが、自分たちの生活には影響がない。それはその人たちがいけないんじゃなくて、そういうシステムだからです。

となると、アーティストが何をやりたいかよりも、安全や安定が選ばれる。日本の音楽業界のまずいところは、「関係者」が多すぎることです。いろいろな意見があるのはいいことなんですけど、でも彼らはそれぞれに意見があるわけでもなく、「ただそこにいる人」たちだったりする。アーティストの音楽表現はパーソナルなものです。例えばセッションをやるとき、海外のアーティストは、セッションにおいてはなるべく立ち会う関係者を減らして、パーソナルな話をしながら曲を一緒に作りたいと言ってくる。一方、日本では打ち合わせからレーベルの人たちが何人もいて、アーティスト本人の意思が反映されづらい。安全をとるので、表現に関しても、奇抜であってもそれなりにオシャレで、メインストリームのうちにおさまるようなことをさせたがるように思います。

みんなに愛されなきゃいけないというプレッシャーがあるのは、日本独特だと思うんです。レーベルの人たちもファンの人たちも、アーティストを人間として尊重してくれたなら、アーティスト自身のメンタルヘルスは安定するし、持続した活動が望める。例えば、「曲は好きだったのに思想が偏っているから聴くのをやめる」というのは、結局は自己投影でしかないわけです。

アメリカの場合は、人と違うことがいいとされているし、日本人にこの概念は伝わりにくいんですけど、人間味のあるアーティストのほうが愛しがいがあって、おもしろみもある。アリアナ・グランデやレディー・ガガは、人種差別や、クィアな人に対する差別を、絶対に許さないというスタンスです。

『世界と私のA to Z』にも書きましたが、特にクィアな人たち、それから若者に限らずZ世代的な価値観を持っている人たちは、そのアーティストは自分たちを差別しないか、社会的責任を果たそうとしているのか、人間として応援したいか、尊敬できるか、そういった基準でファンになるかどうかを決めているところがあります。アーティストには、支持してくれている人たちの人権を守るために声を上げる社会的責任があるし、自分の持つ影響力を良い方向に行使する義務がある。ファンはアーティストを人間として見ているし、尊重しているけど、それと同時に責任を強く求めるという傾向があると思います。

日本だと、アーティストはあくまでエンターテイナーであって、大衆のおもちゃであるという考えを持っている人が少なくない。たぶんそれに対抗しているのがGotchさんや、GEZANのマヒトゥ・ザ・ピーポーさんだと思うんですけど、そういう人はロックに多くてポップスにはあまりいません。

SIRUP　そこがまだ日本の大きい課題で、アーティスト側がいくら覚悟を持って発言しても、「アーティストを人間として見る」という感覚が広まっていないと厳しいものがある。僕は、今こういう発信をしていることをアーティストとしての自分の個性にしたいとは思っていなくて、声を上げたり考えを伝えること、これが日本のアーティストの間で普通になればいいなと思っているんです。

でも、差別の問題にしても、アーティストだけが頑張っても社会はよくならない。だから、社会通念を変えるためにも、政治についても言っていかなあかんなと思っています。社会通念が変われば、今までは良くないとされていたことが実はそうではなかったり、新しい発見があると思うんです。例えば母子家庭だったり、マイノリティとされてきた人たちは、それによって救われるだろうし、自分も実際すごく救われたので、そういうふうに社会が変化していけばいいなと思っていますね。

何のために表現をするのか

竹田　日本では、社会的発言をすることが特別視されすぎなんですよ。社会を変えられるなんて、大げさだと思っている。誰だって社会に生きる人間としての責任も影響力もあるのに、政治に物申すということが当たり前とされていない。だから、「投票に行こう」と言っただけで叩く人もいれば、「声を上げてくれてありがとう」と感謝する人もいて、一喜一憂の振り幅がすごく大きい。

海外の音楽業界の人たちは、コラボ相手を選ぶ際、どんな倫理観を持っていて、どういう曲を作っているのかをよく見ています。我々のチームでも、男性中心的で、女性を疎外するような価値観で活動している人ではなくて、ポジティブな社会的変化を起こそうとしている人を選んでいる。コラボを一緒にしたいような相手とは、至極当然のこととして「自分たちにできること」をしている人たちです。曲を作るときも、女性を客体化した歌詞になっていないか、アジア人がブラック・ミュージックを歌うとしたら、ＡＡＶＥといわれる黒人英語を使っていないか、どういうメッセージを込めたいのか。そういうことを入念に議論するのが当たり前になっています。

私はＳＩＲＵＰの海外に関わること全般を担当していて、ほぼ毎日、いろいろなコラボ相手の人たちと話しています。ＳＩＲＵＰはただオシャレなR&Bをやっている人じゃなくて、こんな社会的理念があって、こういうことを大切にしていて、それらを日本国内で伝える活動をしてきていると言うと、リスペクトしてくれることのほうが圧倒的に多い。

タイのフェスに出させてもらった時に知ったんですけど、現地の熱心なファンがＳＩＲＵＰの日本語と英語の発言を全部タイ語に翻訳して、日本にもこんなふうに社会的意識を持っているアーティストがいる、と広めてくれていたんです。クィアな人たちや女性の中には、日本のアーティストに失望している人がたくさんいます。拒否反応を持って、聴かない人も多い。Ｊポップはエンタメ中心で、女性蔑視をはじめ、がっかりするような倫理観が平気でまかり通っていたりする。そんな環境の中で、SIRUPがチャレンジをしていることが評価されるようになってきた、そういう実感が増えています。

去年のサマソニで、リナ・サワヤマが同性婚の権利を訴えて、SIRUPも賛同の声を上げた。マイノリティのリスナーにとって、この人は自分たちに寄り添ってくれているとか、立場を表明しているから安心して音楽を聴けるとか、そういうことを思わせるアーティストが日本にはあまりいないんですよ。ただ、そこですごく難しいのが、「社会的弱者を見捨てない、かつ代弁してくれる」というレッテルが貼られると、全てを背負わされてしまうこと。それはそれで危険なんです。

SIRUP　そうなんですよね。本当にそう。最初は結構しんどかったんですけど、最近は、言うべきことを言っているだけだという感覚になってきた。僕は代弁者になりたいわけじゃないし、さっきも言いましたけど、発言を自分の個性にしたいわけでもないんです。

竹田　我々が着々と進めているのは、アーティストが人間として言わなきゃいけないことを言えるような環境作り、というとわかりやすいかもしれません。それをしておかないと、政治的に利用されるという現実が待っている。フェスやライブハウスが最初に潰されることにもつながるし、差別的な思想のファンがつくのだって容易に想像できる。資本主義的にスケールを広げることがメインであれば、別にそれでもいいんです。ただ、何のために表現をしているのか。保守的な考えのもとで、「音楽のチカラ」みたいなことを標語的に利用しているにもかかわらず、実際は文化教育や施設にあてる予算を減らしていたりする。マイノリティ属性のアーティストは特に、自分たちの尊厳が守られないような状況に抗《あらが》わなきゃいけないんですよ。強いスタンスを持たないとすぐに流されてしまう。すごく苦しいことだと思うんです。

資本主義の話をすると、日本の問題は、人気なもの、有名なものだけに価値があると多くの人々が思い込まされている点にあります。知らなかったものも、人気だと聞けば、目の色を変えて飛びつく。一方で、自分の好きなものに対して自信を持てない人がすごく多い。

でも、文学もそうですけど、芸術の表現は、売れているからすばらしいというわけでは必ずしもないですよね。それに、売れればいいというものでもない。日本においてアーティストとして活動しようと思うと、必然的にオルタナティブな生き方になるんです。今の社会は、資本主義的なシステムを、音楽を作る人にそのまま押し付けてしまっている。音楽ビジネスは資本主義的なシステムで良くても、音楽を作る人はその外側にいるべきなんですよ。そういう話をstarRoさんとよくするんです。自己表現と、売れるということは別です。でも今は、アーティストなのにコンテンツ・クリエーターになって、ＳＮＳでバズることを考えなきゃいけない。それは本来アーティストの仕事じゃないですよね。

バックグラウンドへの共感

竹田　ここまでの話で伝わっていると思いますが、ＳＩＲＵＰは自分が上の立場にいるとか、教えてあげているとか、そういう偉ぶったところのない、すごく普通の人なんです。自分も学んでいる側で、ファンは一緒の社会で生きていて、自分の曲を聴いてくれる人たち。でも、日本には簡単に正解を得られると思っている人がいっぱいいるじゃないですか。すぐに答えを欲しがる。英語の穴埋め問題とか、複数の答えの中から選択するという教育を受けてきたからだと思うんですけど……、自分で考えて、調べて、議論して、間違っていたら意見を変える、人に伝えるというプロセスが全然なくて、いかに他の人と一緒の答えを選ぶかというゲームに慣れきってしまった。

だから、『世界と私のA to Z』にも書いた文化の盗用の話も、何がいけないのかわからない。さらに、その「わからない」が苛立ちや怒りの感情に変わって、「文化の盗用なんて言っているやつらはうるさい」とか、「そんなことで一々もめていたらＲ＆Ｂを歌えなくなる」とか、知りたくもないし考えたくもないという態度をとる。でも、考えたくないというのは、自分の楽しめるものが減るということなんですよ。価値観は変わりうるものだし、音楽が新しいことを教えてくれるという考えを持てば、もっと楽しめると思うんですけどね。

日本で生きているマイノリティの方たちは、権力や影響力を持っている人は、自分たちの存在を大切にしてくれないとデフォルトで思っているんです。もう諦めている。そんな日本で、心の拠りどころを探している人は洋楽に行く場合が多いです。私の本を買ってくれた人も洋楽好きが多くて、「自分がなぜ洋楽に惹かれているのかわかった」と話してくれる人もいた。

例えば、レディー・ガガはヒット曲「Born This Way」をはじめ、常にクィア・コミュニティを支援すると表明を続けている。私のクィアの友達の中にも、そのようにセレブやアーティストが自分のことを認めてくれて味方になってくれるという、ある種のセルフラブ、安心する材料になったという人はたくさんいます。クィア当事者の代表的な例で言うと、ユーチユーバーからシンガーになったトロイ・シヴァンが、クィアである自分の葛藤やゲイとしての恋愛・失恋の感情を表現したりしている。そういうふうに、音楽に落とし込まれたバックグラウンドに共感できる、という理由でアーティストを応援している人は決して珍しくありません。自分の生き方を音楽に見出しているんです。

私は常々、日本の音楽評論文化にも問題があると思っています。彼らは、音が七〇年代のロックだとかどの系統でどのジャンルだとか、「音楽史的な知識」を重視しているけど、今この瞬間、どのような社会的背景によってどのようなファンがどのような音楽をどのような理由で愛しているのか、「生活に根ざした音楽」の実態が見えていないように思えます。いわゆるSNS英語も日々変化していく中で、リアルな英語が理解できないと文献が限られるから、歌詞に込められた社会的背景も現場の実情もわからないまま、そしてアーティストの主体性が欠落したまま、偏見と独断で語られる。人づてに情報が入ってくるから、仕方がない面もあるんですけどね。

SIRUP まさに自分もそういうことを体感したのが、コロナ禍の3年間でした。僕も音楽の評論を書いてもらうことが多いんですけど、そもそも誠実に音楽をやっている人たちのリリックは、自由とか解放とかセルフラブとか、言っていることは昔も今もほぼ同じやと思うんです。じゃあ、そこに何が個性として出てくるのかといったら、その人のバックグラウンドしかない。でも、そういうところに触れてくれる人はほぼいないんです。自分がやっているR&Bにもルーツがあって、みんなそのルーツの中で自分の個性を表現している。なので、このビートは何年の〇〇だとか、そういうところよりも、R&Bの文脈で表現している歌の内容とか、どうしてこの年代のビートを選んだのかとか、批評家の人たちにはそこまで言ってほしいし、一緒に言えたらいいなと思っているんです。たぶんアーティストはみんな、そこで自分の個性を評価してもらいたいと思っている。

（2023年3月10日、オンラインにて。構成／佐藤克成）

SIRUP

ラップと歌を自由に行き来するボーカルスタイルと、自身のルーツであるネオソウルやR&BにゴスペルとHIPHOPを融合した、ジャンルにとらわれないサウンドで音楽を発信。2021年には2ndフルアルバム「cure」をリリースし、同年「FUJI ROCK FESTIVAL'21」に、国内のR&Bアーティストでは異例となる初出演でメインステージのGREENSTAGEに立った。2022年「Years & Years」のRemix参加や、アイリッシュ・ウイスキー「JAMESON」とのコラボを発表、11月には自身初の日本武道館公演を開催し、日本を代表するR&Bシンガーとして音楽のみならず様々な分野で活躍の幅を広げている。

COLUMN

「世界進出」に必要なこと

「グローバル志向」「世界展開」といったフレーズは、様々な業界で今日において重要な戦略だと考えられている。しかしこれらも、「Z世代」を年代で括った記号的特徴と捉えるのか、社会と密接に繋がった価値観として捉えるかの違いと同様に、いかに歴史や社会、文化的な背景を理解しているかによって、意味することに致命的な差が生まれてくる。まして、世界規模でのZ世代的価値観の動きについて無関心であり続け、日本の狭い「Z世代」の定義に囚われてしまっていては、本質的な「世界との繋がり」は決して見えてこないだろう。

そもそも、「世界で人気」であることがなぜそんなに重要なのか？　ということについても、もっと多くの人が問い直すべきではないだろうか。アーティスト本人がそれを目指すなら話は別だが、他者が「世界的人気の有無」という非常に雑な評価基準で質の善悪、もしくは「価値」を定めるのはいろいろな意味で危険性をはらむ。なぜ、「世界」「海外」からの評価が必要なのか？　なぜ、欧米（特にアメリカ）での「活躍」や「注目」が価値の善悪の判断基準になるのだろうか？　そこには、自己のアイデンティティに対する無関心さ、ないしは無自覚な加害性、占領意識が込められていないだろうか？

『世界と私のA to Z』で書いたように、「アジア系」というアイデンティティは非常に重要な意味を持ちつつある。アジア圏、アジア系コミュニティの人による作品が注目されている中、もしある人が日本から海外に進出するなら、そのときは日本人としての自覚と、アジアにおける日本という客観的な視点を両方持つことが必要だろう。それは、日本人としての誇りや愛国心などとはまったく別のものとしてだ。ブラック・ライブズ・マター（BLM）運動のように、今こそ世界中で歴史認識を改めようというムーブメントが起きているにもかかわらず、日本人の自己と世界の関係への関心は薄いままだ。自己のアイデンティティ、ないしは人種・歴史的なパワーバランス、社会構造について無知なままでは、「グローバル」という資本を搾取し、「支配」したいだけの、「海外展開」を履き違え

た思考になってしまう。

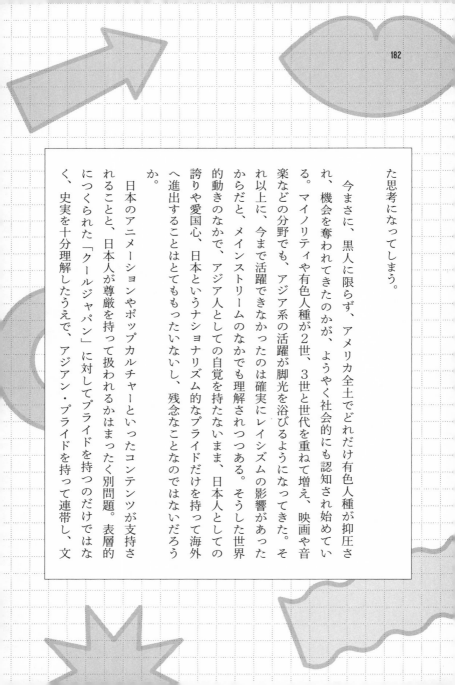

今まさに、黒人に限らず、アメリカ全土でどれだけ有色人種が抑圧され、機会を奪われてきたのかが、ようやく社会的にも認知され始めている。マイノリティや有色人種が2世、3世と世代を重ねて増え、映画や音楽などの分野でも、アジア系の活躍が脚光を浴びるようになってきた。それ以上に、今まで活躍できなかったのは確実にレイシズムの影響があったからだと、メインストリームのなかでも理解されつつある。そうした世界的動きのなかで、アジア人としての自覚を持たないまま、日本人としての誇りや愛国心、日本というナショナリズム的なプライドだけを持って海外へ進出することはとてももったいないし、残念なことなのではないだろうか。

日本のアニメーションやポップカルチャーといったコンテンツが支持されることと、日本人が尊厳を持って扱われるかはまったく別問題。表層的につくられた「クールジャパン」に対してプライドを持つのだけではなく、史実を十分理解したうえで、アジアン・プライドを持って連帯し、文化を繋げていくことにこそ、大きな意味がある。例えば、とある日本人アーティストが「アニメ文脈」で「世界的に人気」であることと、そのアーティスト自体が「世界的に人気」であることって、似て非なるもの。その複雑な事実から目を背けて、「世界中で話題！」という短絡的な評価をすることは、後続の育成にも良くないし、アーティストの活躍の幅を狭める要因にもなってしまう。

TikTokのみでバズっている曲と一緒で、「アニメ文脈」で「世界で人気」とされるアーティストは、「世界中にいるアニメファン」というとても限定的な属性の人に「人気」なのであって、メインストリームのトレンド、または持続可能かどうかとはまったく別問題なのだ。

Coachellaメインステージ出演を果たしたBLACKPINKを筆頭に、今話題のNewJeansやXGなど、海外展開において「英語ネイティブ（英語圏／欧米圏育ち）」のメンバーがいることの重要性が強く証明されている。楽曲の英語の歌詞の発音が流暢なのはもちろん、ステージでは英語でMC

や盛り上げを行い、インタビューも自信を持って英語で受け答えすることができる。彼らが示す功績とは対照的に、一般的な日本のアーティストは「人としてどのように、本質的なリスペクトを得るか」という点を、あまりに軽視しているように感じてしまう。当然、プロデューサー側の視野の広さや文化的理解も、今の（「グローバル時代」ではなく）「ＳＮＳ時代」において欠かせない要素だ。

このことは会社経営やブランド運営においても同様だと感じる。これまでの政府主導の「海外進出、海外展開」の主軸は、「日本の良さを世界に伝える」ことばかりに偏っていた。それこそが、「クールジャパン戦略」の大失敗の原因にも大いに繋がるのではないだろうか。

竹田ダニエル×永井玲衣

「セルフケア・セルフラブ」と〝対話〟

編集部　「Z世代的価値観」とはある年代に生まれた人に固有するものではなく、あらゆる人が共有できる「哲学」なのだと竹田さんは繰り返し書いています。

ただ、社会問題を共に考えていこうとしても、世代間の分断は年々深まっていく一方にも感じられます。私たちが世代の壁を越えてセルフケア・セルフラブを実践していくには何が必要なのか、そもそも「対話する」とはどういうことなのか、様々な場所で「哲学対話」を実践されている永井さんと語っていただきます。

「世代論」への違和感

竹田　永井さんのお仕事やSNSなどを通じた発言を目にして、ジェンダーや仕事上の属性にとらわれない軽やかな視点で語るスタンスがとても素敵だと感じていました。デモに参加するなどの行動もしつつ、でも何かを振りかざして強硬に振る舞うのではなく、こ

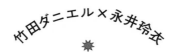

ういう「戦い方」があるんだと。専門の哲学の分野だけでなく、どの分野の話をしていてもユニークな「永井玲衣視点」がありますよね。

永井 「戦い方」と言ってもらえてうれしいです。現場に行くと、女性代表的な役割を負わされることに違和感があります。暗に、女性だから、日本に住んでいるから、哲学者だから、という属性で発言を求められる機会は多いけれど、これまで出会った一人一人との関係性で培った視点から「私にはこういうものが見えている」と語るようにしています。

ダニエルさんがおっしゃるように、私も「世代論」で世の中を語ることに違和感を持っているんですが、数年前こんなことがありました。私は日本流の世代のくくりでは、１９９１年生まれでいわゆる「ゆとり世代」なんです。実は「'91年生まれ反省会をしたい」とツイートしたら「生きているだけで謝罪するのか！」と騒ぎになってしまって……。反省というのはそういう意味ではなく、30歳になる節目で自分がどういう社会状況の中で生きてきたのかを振り返りたかったんです。10代から今に至るまでを洗い出そうとしても、自分一人で行うと視点が揺らいでしまう気がして、みんなで集まってそれをしたら、客観的に振り返れるんじゃないかと考えました。

というのも、大学で学生を相手に哲学対話をした時に、彼らと価値観が食い違うなと感じることがあって、でも、それは世代が違うからだ、とは考えたくなかったんです。ならばまず自分史を振り返ってみようと。10代前半の頃には小泉純一郎政権で大変な人気だった。日本は長らく不景気で、イスは一つしかないんだからそれを獲得するために全力で走れと言われ、テレビでは「オネエタレント」が活躍していて、セクシャルマイノリティーといえばその人たちのことを指す。さらに、韓流ドラマを多数放送するフジテレビへのヘイトデモもありました。「デモは怖い」という価値観が根付いてしまったのも、そんな時代を経たからなのかもしれません。でもとにかく、まずは自分が通ってきた時代を洗い出してみないと、闇雲に下の世代を抑圧する大人になってしまうんじゃないかという恐怖がありました。

自分がどういう社会に根ざしてきたのかを考える作業は、ダニエルさんの言う、世代を「価値観」に置き換えることそのものだなと思います。

竹田 『世界と私のA to Z』という本では、Z世代の考え方は「価値観」なので選択可能なんだと書きました。デジタルネイティブな世代から生まれた新しい「価値観」だけれど、いつ生まれた人でも、どこにいても共有できるというのが「Z世代的価値観」です。

2000年前後に生まれたアメリカのZ世代は、はじめての黒人大統領誕生やリーマンショック、同性婚の合法化、そしてコロナ禍を経てきたわけですが、学生なのか、どんな仕事に就いているか、子どもがいるのかなど、それぞれの出来事にどういう立場で直面してきたかで、受け止め方は変わってきますよね。けれども、共通して大切にしていきたいポリシーがある。それを「Z世代的価値観」と伝えたのですが、ちょっと誤解されてしまった部分があるかもしれません。日本だと、「Z世代」という言葉はマーケティング用語という印象が強いですよね。

資本主義的な豊かさに搦《から》め取られるのではなく、心から自分を労り、大切にするという意味での「セルフラブ」の概念がZ世代的価値観の根幹にありますが、それすらも「ご自愛」と言い換えられて、曲解されています。今週は仕事を頑張ったから、ご褒美に高級なアイスクリームを食べてもよしとする、みたいなリストがTwitterで話題になったりもしていました。

さらに、メンタルヘルスを優先するあまり、誰とも親密に関わらないのが理想という言説もアメリカで広まっています。例えば、インフルエンサーのようにキラキラな生活とは程遠い、「一般人」が「1日の過ごし方」をTikTokで投稿したのですが、それが会社で最低限の仕事をしたら、あとは家に帰って犬の世話をして自炊してNetflixを見て、夜はクラブなどにも行かず早寝をする、というもの。その動画を「なんて平和で満たされた生活なんだ」という人もいれば、「こんなつまらない生活は絶対に嫌」と、賛否両論を呼んで大いに話題になっていました。自分に集中し、自分を高めることだけにエネルギーを注ぐという生活が最近は「ヘルシーなセルフラブ」とされがちなのですが、資本主義の加速による個人主義の強化と孤独の増加とも取れるし、他者とのつながりはほとんど断たれてしまっているんですよね。

「正解」はないのに「間違い」はある社会

永井　「セルフケア、セルフラブ」を誤解したまま極めるあまり、他者をどんどん遠ざけていってみんながバラバラな状態が加速しました。私が行なっている哲学対話を取材してもらうときに、「ケア」と結びつけてよく聞かれるのが、「一人でもできるケアの方法はありますか」という質問です。「考えること」は一人ではできなくて、自分が何かを考えるのも、誰か相手がいないとできない、だから対話をするのだと語ったつもりなのに、どうも伝わりにくいみたいです。「考えることは一人ではできない」というのは、私が哲学を通して学んだ重要なことのひとつとすら思っているんですが。

現代では、他者を忌避して一人で自分をケアしたいという願望が強いから、取材者もそういう問いを向けるんだと思いますが、「哲学対話」って基本的に他者を協働相手としてみるんです。「対話」と「議論」の大きな違いは、「他者観」にあると言えます。「論破」という言葉に表れていますが、いわゆる「議論」は他者を競争相手、恐ろしい相手と捉える。コロナ禍で他人との距離が遠ざかり、他者へのまなざしが切り替わりにくくなって、恐怖感はより強くなったかもしれません。傷つけられたくないし、傷つけたくない。大学で学生に教えていると、その感覚が本当に強いと実感します。グループワークを行うにも、私の考える他者観と違い過ぎて、根本から説明しないとみんな黙ったまま、身動きが取れないんです。

竹田 先日、日本の学生が主催するオンラインのゼミイベントに参加したのですが、その準備や打ち合わせのやりとりが過剰なまでに丁寧なことに驚きました。私への事務連絡が何重もの敬語に包まれているんです。イベント終了後の質疑応答も、形式的なやり取りに終始して、議論が盛り上がる感じはなかったです。多分そこで自分なりの考えを出すと

「イキってる」とか「意識高い」と思われてしまうのを恐れているんでしょうね。一対一で話すとそれぞれにちゃんと思うところがあるみたいなのに。

他にも、「この時代にどう情報を摂取するか」という雑誌取材を受けた際に、「氾濫する情報の中からフラットなものを選択するには？」とか、「中立的であるためには？」と聞かれて違和感を覚えました。私は私固有の考え方で生きているのに、他人から見て中立的な必要ってあるんですか？　と逆に聞きたかったですね。〝ニセの平和主義〟が蔓延してるんじゃないかと感じてしまいました。和をかき乱すことは悪だ、と極端に恐れる人が多いのかもしれない。

永井　それは私も感じますね。ある哲学対話の際に学生がぽつりと漏らしたひと言が忘れられないんです。「社会に〝正解はない〟っていうのはわかりました。でも、正解はないけど〝間違い〟はありますよね」と。だから、声を上げると「それは違う」と叩かれたり、誰かを傷つけたりしてしまうんじゃないかと言うんです。正解はないのに間違いだけがある社会って、どれだけ苦しいんだろうと思います。その学生の、怒りをはらんだ悲しげな雰囲気が忘れられないです。

その苦しさがなくなる社会をどうしたらつくっていけるのか、私はそれを「問い」にしたいと思っています。実は哲学対話をすると、大人がボロボロ泣いたりするんです。「こんなふうに自分の考えていることを、ただ聞いてもらったのは初めてだ」とか、「自分が何を考えているのか、じっくり内面に問いかけたことなんてなかった」とおっしゃる方がいて、私たちの社会は大丈夫だろうか？　と心配になりました。「分からない」ことを人にさらけ出すのは、「弱さの共有」なんです。黙って「分からないから考える」という状態を人前で晒すのってとっても無防備で、攻撃されたらひとたまりもない。だからこそ、この時代に生きている私たちには、なかなかできない行為なんです。けれどもそれをあえてやる、そのことにとても意味があると思います。生身の他人を前にして誰かと一緒に行うのがとても重要です。

リアルな「身体」を伴って他人と場を共有することで、この先どんな社会をつくっていくかの問いに向き合えると思います。

他者の身体を身近に感じること

竹田　対面する、というのは確かにキーですよね。アメリカでは、コロナ禍に多くの人が味わった辛さや痛み、ある種のトラウマが言語化されずに忘れられつつあることに、危機感を訴える声が上がっています。他人と接することのリアリティが薄れてしまっている。

例えば、アメリカのライブ現場では観客がアーティストにモノを投げつけて怪我を負わせてしまったり、ファン同士で喧嘩になってライブ中に殴り合いになったり、人混みに慣れていない若者たちがバタバタと倒れてしまったり、とにかくライブでのマナーや常識がコロナですっかりなくなってしまったようだ、というのが問題になっています。日本では反対に、ライブ会場での動画撮影やジャンプなど、自分にとっては迷惑でなくても、「マナー違反行為」をあげつらう書き込みをたくさんしたり、「正しさ」に対して過剰反応しているような風潮が強くなっているように感じます。

日本でいう「迷惑をかける」は英語だと「bother」ですが、「〇〇が迷惑だ」に当たる言葉は多分ないんです。フィジカルに共存するというのが、すごく下手になっている気がします。「より良くあろう」と真面目に頑張る人が空回りして、他者を批判する側に立ってしまっていませんかね。

永井　20年前に刊行された綿矢りささんの『蹴りたい背中』には、登場人物たちがお互いの体や持ち物に触る場面がたくさん出てきます。気になる子の背中を「蹴りたい」という感覚が、けれども今読むとなんだか変な感じがするんです。もし今この小説が書かれるなら、「蹴りたい」ではなく「蹴れない」背中になるんじゃないかと思って。気になるから身体に触れたいとか、そう思うことができないんじゃないかと。身体が現にそこにあることへの嫌悪感が、まず先に立つ気がします。

でも、「なぜ他人の行為を不快に感じてしまったのか」を語ることは、哲学対話のテーマにもなり得る重要なことです。参加者から「私語禁止のサウナで喋っている人を見ると、自分には関係ないはずなのになぜイライラしてしまうのか」という問いが実際に出たこともあります。

竹田 最近Twitterで議論になった「映画館でカップルが隣同士に座れるように席を譲るか」という問題も、「譲らない」派の考え方の元には「カップルの幸せな一日を台無しにしてやった」という感覚があって虚しくなりました。

永井 Twitter上での議論の話をしていてふとダニエルさんに聞きたくなったんですが、「言論空間」というと何を思い浮かべますか？

竹田 声の大きな言い切り型の強い主張を持った人たちが崇められて、教祖のように扱われているさまが真っ先に浮かびました。

永井 そもそも「言論」ってなんだったっけ？　というテーマを高校生と考えようという機会があったのですが、彼らの印象ではイコールSNSでの攻撃的なやりとりだったんです。

竹田 論破、ですよね。

永井 対話＝論破、批判＝炎上。彼らはまさに、「言論」をそのように認識してました。私は本に育てられたようなところがあって、子どもの頃に読んでいた本の中では、知識に根ざした人たちが、言葉と格闘しながらどういう社会であるべきかを広く考えていた。本の中には、論を積み重ねたり掘り下げていくような光景があったんです。

ところが今の高校生にとってはSNSがその場所に見える。「言論」と言えば大人たちがTwitter上で展開しているアレになってしまっているのかもしれない。だから、必要なことはわかっていても、はなから「言論」に絶望しているのを感じます。

「学び」はセルフケアの強い味方

竹田　アメリカだと、いかに人と違うユニークな意見を言えるかを競うところがあるんですが、日本では街頭インタビューを見ても「模範回答」を答える人が多いですよね。「正解」とされるキャラに自分を当てはめないと受け入れてもらえないから、どんどん無理して自分を抑えてキャラ化していく。その分、SNSやテレビではっきり物を言うキャラの人に、「自分はこうはなれない」と憧れを抱いてしまうのかも。

以前に対談もした（本書収録）ミュージシャンのSIRUPとは、音楽業界で一番密に仕事をしていますが、知り合った当初は怒りをいっぱい溜めていました。友人が音楽業界の仕組みで搾取されているとか、彼氏にパワハラされているとか、でもそれにどう対処したらいいのか分からないと悩んでいて。だから、「Projection」（投影）だったり「Gaslightning」（些細な嫌がらせを行う、わざと誤った情報を流すなど心理的な加害の一種）だったりと、アメリカで使われている、問題を定義する用語を伝えたんです。そうしたら怒りや悩みが可視化・言語化され、何に対してどうやって戦っていくべきなのかがはっきりして、SIRUPは声を上げるアーティストになっていきました。
間違ってしまうのが怖いという人も、知識を学んで自ら考えることで少しずつでも自分が強くいられるようになると思うんです。「学び」はセルフケアの方法として心強い味方になってくれるのではないでしょうか。

永井　学び、考えることを、一人ではなく誰かと共同でやるのがとても大切です。一緒に言葉を探していくのってとても創造的なんです。粘土をこねるみたいに言葉を使って対話を使って何かを形作っていく。そうやって個がバラバラに切り離されることに抗い続けたいと思っています。

竹田　日本は物理的に国土が狭いから、周囲の状況が目に入ってきやすいところがありませんか？　少し頑張れば上を目指せるんじゃないかとプレッシャーを感じるのも、近くにそういう人がいるから。ところがアメリカでは最近「Quiet quitting」（キャリアアップを目標とせず、必要以上の仕事をしない）という言葉が話題になったりと「脱資本主義」的な動きが出てきています。日本でも、斎藤幸平さんの『人新世の「資本論」』がベストセラーになって、興味を持つ人は増えてきているかもしれませんね。
先日、雑誌「BRUTUS」の三十数年前と今の特集を比較するツイートがバズっていました。当時のある号のメイン特集はなんと「愛人・出世・休暇」！　最近の号はアイドル育成ゲーム「アイドルマスター」の特集号。どれだけ価値観が変わったんだろうと衝撃です（笑）。

永井　ダニエルさんは今何が流行っているかにとても敏感ですが、様々な流行の中から信頼のおける物を見極める目を持っているのがすごいと感じます。今、私たちに必要な情報を紹介してくれる。その選択の基準ってどこにあるんですか？

竹田　弱者の抑圧が看過できない、という根本にある思いです。２０２３年6月に起きた潜水艇タイタンの事故で、亡くなったビリオネアたちを悼むのではなく批判するのは不謹慎だ、という指摘が日本では少なからずありました。一方英語圏では、潜水艇事故の被害者数名のことはこんなに大々的に報道されるのに、その少し前のギリシャ沖で起きた移民船沈没事故のたくさんの犠牲者は軽んじられているというツイートがバズった。私たちは例えるなら移民船に乗った人たちの側で、ビリオネアには遥かに遠い存在なのに、なぜかビリオネア側に立って事態を見ている。それはおかしいと思うんです。

他者と共にあることがセルフケア・セルフラブ

永井　これは（ミュージシャンの）Ｇｏｔｃｈさんが名付けたんですが、「武将目線」っていう言葉があって（笑）。支配者や経営者、強者の側の視点から語りたがることを皮肉った言い方です。いわゆるブラック企業に就職してしまった私の後輩が、散々辛い目に遭っているのに、なぜか会社の経営者の立場から「自分がこうなっているのは仕方ない」と語っていて驚きました。その方が楽なんでしょうね、現実から目を逸らせるから。強者の味方をしても何かおこぼれがもらえるなんてないのに……。

それって自己愛の欠如から来るのかな、という気がしています。搾取されている現状を認めてしまったら、自分が弱者であることに向き合わなくてはならない。日本に貧困があるのも自己責任だ、というのとも繋がっていますよね。本来貧困はシステムのせいだし、もっと言えば資本主義の行き詰まりのせいでもある。

「哲学」を実践するというと、社会から無関係でもできてしまう可能性があるんですが、私はそれは恐ろしいと思っています。この世界に根ざしながら世界を見るのは可能だろうか？　という意識を常に忘れずにいたいんです。

竹田　「自己責任」という言葉への疑いがようやく言われるようになってきましたが、自分を苦しめているものへの違和感に気付いた時に、はじめて他人を労《いたわ》り、大切に思う気持ちを持てるんじゃないですかね。でも、違和感を無視してしまったらそれにも気づかない。この時代を生きている我々は、多かれ少なかれシステムの犠牲者なんだと考えるようになったら、「自己責任」という言葉にがんじがらめになる感覚が気にならなくなりました。

永井　セルフケアとかセルフラブに必要なのって、「他者の気配」なんじゃないかと思います。「ケアされる」って何にケアされるのかといえば、それは私じゃない誰かなんですよね。今ここにいなかったとしても、私と同じような人が世界にはいるんだ、という実感を持てること、「セルフ」という言葉と一見矛盾するようですが、誰かと共にあることが自分を大切にし、愛することにつながると思います。コロナ禍の影響もあったかもしれませんが、そういう「人間観」を取り戻そうと意識することが、セルフケア・セルフラブなのかもしれません。

（２０２３年６月30日、講談社にて。）

永井玲衣（ながい・れい）
1991年東京都生まれ。哲学研究と並行して、学校・企業・寺社・美術館・自治体などで哲学対話を幅広く行っている。著書に『水中の哲学者たち』。独立メディア「Choose Life Project」や、坂本龍一・Gotch主催のムーブメント「D2021」などでも活動。

おわりに　自分は「Z世代の代弁者」ではない

「Z世代を代弁」「女性の気持ちを代弁」などのフレーズ。聞こえはいいかもしれないし使い勝手はいいが、「自分は代弁者」という気持ちで生きている人なんて、実際は多くないのではないだろうか。

私は「代わりになって発言したい」と思って言葉を綴っているわけでは決してない。単に「言わなきゃいけない必要性があるから」言っているだけだ。「代弁者」と呼ばれる人は「石を投げられる対象」になってしまうし、受動的に「誰かが代弁してくれる」という気持ちを、他者が持って生きてほしいとも全く思わない。

特に、「Z世代を代弁」という言葉。前著『世界と私のA to Z』でも、「多様な価値観が存在することこそが「Z世代らしさ」であるにもかかわらず、「Z世代を代表する意見」というものを欲しがるのは、あまりにも矛盾しすぎている」とはっきりと書いている。

一方で、この世代が「Z世代」を自称することには、理由がある。そもそも世代の括られ方のシステムが日本とアメリカでは異なる。アメリカでは10～15年ほどのスパンで連続的に新たな世代が命名されるのに対して、日本は「氷河期世代」「ゆとり世代」など、何かしらの社会的影響によって世代が括られがちであり、連続的ではないと、「はじめに」でも触れた。

アメリカのZ世代は、ブーマー世代のように裕福になれないし、社会も崩れゆく一方だ。いつロックダウンになるかも、大不況になるかも、銃撃で死ぬかもわからない。お先は真っ暗。しかし子供の頃から絶望を抱える苦しさを、非Z世代の大人は理解できるはずがない。アメリカのZ世代が"Gen Z"という自称を掲げるのには、そのような「アイデンティティ」上の理由がある。

「もう全てどうでもいい」というニヒリズムと、「今すぐ社会を変えなければ」という活力が「絶望」の中で混在する。「nothing matters」(どうしようもない)という無力さと、「we can make change」(私たちは変えられる)という団結力と変化を起こせる手応え。その両方が矛盾しつつも渦巻いているからこそ、Z世代は不可解に見えるのかもしれない。

以前、「マイノリティに寄り添ってくれる文章」だと評してくれた方がいて、とても嬉しかったことを覚えている。私が日本に対して一番貢献できるのは、そういったマイノリティのアイデンティティを持つ人を、何かしら鼓舞できることなんじゃないかと感じる。私たちは新たな「言葉」を知ることによって、自分の感じている違和感を口にすることができるし、同じ意識を持った仲間を見つけることができる。声を上げてもなかなか聞いてもらえないようなマイノリティは、自分の周りも含めて日本には大勢いるが、彼らは連帯を通して、これからの未来を変化させていくための鍵となるパワーを持っている。

不平等を形容する「言葉」や「背景知識」がなければ、理不尽に対して怒りではなく自己責任を感じてしまうし、だからこそ差別者や権力者は「言葉」を奪おうとする。そんなときに私にできることは、現状に違和感を感じる人と言葉を共有すること、そして同調圧力を強制する社会と戦う気持ちのある人を鼓舞することなのではないか。そう考えながら、本書を書いた。

初出（章タイトルは書籍化により改題）

・Style　「ホットガール」はセルフラブがつくる　「群像」２０２２年9月号
・Health　セラピーは心の必需品　同10月号
・Food　「リアル&楽しい」食に夢中　同11月号
・Movie　エブエブ旋風の奇跡　同２０２３年4月号
・SNS　さよなら「インフルエンサー」消費　同5月号
・Book　つながりが広げる読書　同7月号
・Money　ブランド価値より「今」の価値　同8月号
・Work　「仕事≠人生」的な働き方　「現代ビジネス」２０２３年3月4日
・×斎藤幸平　Z世代の革命のかたち　「群像」２０２３年1月号
・× SIRUP　アーティストと同じ目線で音楽に参加する　語り下ろし
・×永井玲衣　「セルフケア・セルフラブ」と〝対話〟　同5月号
・コラム　「Bimbo」の革命　「GQ JAPAN」２０２２年11月号
・コラム　梅干しと生活のパフォーマンス化　「日経 COMEMO」２０２３年1月22日
・コラム　本当の意味での「世界進出」、　書き下ろし
・はじめに、おわりに　書き下ろし

装画　OTANIJUN
装丁　六月

竹田ダニエル　Daniel Takeda

1997年生まれ、カリフォルニア州出身、在住。「カルチャー×アイデンティティ×社会」をテーマに執筆し、リアルな発言と視点が注目されるZ世代ライター・研究者。「音楽と社会」を結びつける活動を行い、日本と海外のアーティストを繋げるエージェントとしても活躍。著書に『世界と私のA to Z』。「Forbes JAPAN 30 UNDER 30　2023」受賞。カリフォルニア大学バークレー校大学院在学中。

#Z世代的価値観《せだいてきかちかん》

2023年9月26日　第一刷発行

著者　竹田《たけだ》ダニエル

発行者　髙橋明男
発行所　株式会社講談社
〒112-8001　東京都文京区音羽2-12-21
電話　出版　03-5395-3504
販売　03-5395-5817
業務　03-5395-3615
印刷所　凸版印刷株式会社
製本所　株式会社国宝社
本文データ制作　凸版印刷株式会社

ISBN978-4-06-532945-0

KODANSHA